大展好書　好書大展

品嘗好書　冠群可期

大展好書　好書大展

品嘗好書·　冠群可期

楊式太極拳 7

楊班侯太極拳真傳

附DVD

賈治祥
賈安樹
路迪民　著

大展出版社有限公司

楊班侯先師像

李萬成先師

賈治祥先師

賈安樹先生

路迪民先生

賈治祥老師拳照

賈安樹練功照　　　　1993年，賈治祥老師和路迪民在永年

2005年。賈治祥老師（前右1）和前國家武術主席徐才先生（前中）、楊氏太極拳宗師楊振鐸先生（前左2）、楊式太極拳宗師楊振基的夫人裴秀榮女士（前左1）、楊氏太極拳名家趙幼斌先生（前右2）在西安楊氏太極拳國際邀請賽主席台上。後排左1是賈安樹先生。

1993年，賈治祥老師（前左2）帶領其子賈安樹（二排左1）和弟子路迪民（前右1）、蘇學文（前左1）在湖北武當山參加第二屆武當拳功理功法研討會期間留影。

　　2008年賈安樹先生和弟子在中國邯鄲第十一屆國際太極拳聯誼會的推手擂台上頒獎時合影。

　　2009賈安樹先生在浙江藍溪授拳時與弟子合影。

再版前言

　　楊班侯太極拳架系列，是流傳於河北省永年縣廣府鎮的一套鮮為人知的太極拳架。自從20世紀90年代面世以來，得到太極拳界的廣泛重視，不斷有海內外的拳友們前來採訪學習。

　　這套拳架，套路較多，練法各異，循序漸進，技擊性強，對於瞭解楊式太極拳的發展演變，特別是「班侯拳」的練功方法，提高練習者的功力和技擊能力，都具有重要的實際意義。

　　為滿足拳友們的學習要求，並將這一武術瑰寶發揚光大，現將全套拳架整理出版，也以此告慰班侯拳的所有前輩們的在天之靈。

　　本書2012年3月以《楊班侯嫡傳太極拳》為名由山西科學技術出版社出版後，很快售罄。感謝讀者對本書的厚愛。為滿足讀者需要，現以《楊班侯太極拳真傳》再版，並把楊班侯傳「太極拳九訣」和賈安樹珍藏的從未面世的《李亦畬手抄太極拳譜丁丑本》影印件補入。賈安樹藏本的面世，也是對太極拳理論寶庫的一大貢獻。為便於讀者學習，再版還附加一個演練光碟。

　　由於拳架套路較多，而不同層次的拳架又有許多相同

的動作名稱和姿勢，加之練此拳者，多為已經掌握楊澄甫定型架的拳友，所以本書在寫法上，採取「提高型」的模式，力求文字簡明扼要，對於練太極拳的一般要領，諸如虛領頂勁、氣沉丹田、含胸拔背、垂肩墜肘，鬆腰胯、分虛實等等，不再贅述。王宗岳先師的《太極拳論》和楊澄甫先師的《太極拳法十要》，依然是班侯拳的鍛鍊要旨。

　　書中各種拳架，都是從面南起勢來敘述方向。圖片面向前者向南，面向後者向北，面向左者向西，面向右者向東。個別注明「正面」圖者只是為了看清姿勢，無固定方向。「臂內旋」，是指大拇指向手心方向旋轉，「臂外旋」，是指大拇指向手背方向旋轉。

　　班侯拳的大架、快架、炮捶等，已由賈安樹先生在刊物上發表。這次出版，在原稿基礎上，由路迪民教授進行了統一整理，賈治祥老師和賈安樹先生也進行了審閱。因為所有套路和練法都是師傳而來，沒有文字依據，所以在整理中難免有不確切之處，誠望方家指正。

　　本書的中架、快架、提腿架、炮捶的拳照，由賈安樹拍攝，小架拳照由路迪民拍攝，大架拳照由賈安樹的弟子劉偉拍攝。

　　楊式太極拳第四代嫡傳宗師楊振鐸先生為本書題寫書名。河北永年縣和廣府生態文化園區的領導，《武當》雜誌、《武魂》雜誌、《太極》雜誌的編輯們，以及著名太極拳學者吳文翰先生，楊式太極拳名家趙幼斌先生，賈治祥老師的弟子關志剛、蘇學文、馬繼革、王振江、李現平、王黎曼、郭王明、閆書新、李海峰等，對於班侯拳的

挖掘推廣和本書的出版，都給予了極大的關心和幫助，在此一併表示衷心的感謝！

在本書即將付梓之時，賈治祥老師於2009年11月27日（夏曆十月十一日）仙逝。悲痛之餘，謹以此書作為獻給賈治祥老師在天之靈的一份祭禮。

賈安樹　路迪民

目　錄

第一章

楊班侯太極拳架系列綜述

一、楊班侯太極拳源流及傳人

　　楊班侯（1837～1892），名鈺，字班侯，河北省廣平府永年縣（今永年縣廣府鎮）人，楊式太極拳創始人楊祿禪（1799～1874）之次子。承其父傳，曾以絕頂武功與赫赫戰績威震武林，號稱「楊無敵」。武林素有「楊祿禪創天下，楊班侯打天下」之說。然而班侯性情剛烈，出手不留情，曾失手打死親生長女和弟子張信義，故而從學者不多。著名弟子有凌山、全佑、萬春、王茂齋、牛連元、教蓮堂、陳秀峰、張信義、李蓮芳、張印堂、冀老福、李萬成等。

　　楊班侯所傳拳架功法，也有種種傳說。有說班侯的在京弟子凌山、全佑、萬春，各得先生一體：一剛、一柔、一善發，或曰「凌得其筋，萬得其骨，全得其皮」；又說楊班侯與楊祿禪商定「封拳」，楊家的整套實用拳架和功法只能由班侯擇人傳授，不再公開，因而後來面世的只是

楊澄甫的定型架子。

隨著太極拳運動的深入，「班侯拳」的面貌已逐漸被揭示。本書所述，就是楊班侯傳給永年李萬成的一套鮮為人知的太極拳架系列。

李萬成（1872～1947），河北永年廣府鎮人，人稱「李老萬」，楊式太極拳第三代傳人。他是楊班侯的鄰居，自幼喪父，家道清貧。其母給班侯家做傭人，母子二人長期吃住在楊家。少年萬成常給班侯提上鳥籠扛上火槍，去城河邊打水鴨子。

因為班侯得子較晚（1892年去世後得一遺腹子楊兆鵬，比李萬成小20歲），也視萬成若自家兒子，隨時給他傳授功夫。如此得天獨厚的條件，使李萬成的拳藝不期然而然。班侯誇他悟性好，凡是前來切磋武藝的朋友，或是來尋釁鬧事的人，都讓萬成打頭陣。

有一次，鄰村數十個男子手持棍棒來南關打架，站在橋頭上叫罵，班侯迎住說道：「能鬥過這個毛孩子，你們就隨便來。」他讓萬成拿上杆子，站在橋頭，那些人舉著棍棒衝向萬成，只見萬成杆起人落，把他們一個個挑到了河裡。因為楊家人外出授拳，李萬成至死都住在楊家，曾在楊家舊宅開了一個茶館，同時授拳，一生未婚。

他是楊家人外出後，永年楊氏太極拳之最高手。據說楊澄甫幾次回永年，動員李萬成隨他外出教拳，李始終未出，去世後由徒弟們安葬。

李萬成在永年授徒很多，但傳授不一，對一般人只傳中架子。拜門弟子主要有林金聲、賈治祥、郭振清、張

其、郝從文等。林金聲和賈治祥掌握了全部拳架系列，技術最全面。

林金聲（1910～1986），永年廣府鎮南關人，人稱「林老月」，自幼酷愛武術，身體強壯，臂力過人。李萬成見他悟性好，又能吃苦耐勞，就把自己的功夫傾囊相授。經過長期磨鍊，林金聲拳技越來越高，名氣很大。他將太極大杆搭在碗口粗的樹上，一發力，樹頭樹身都跟著晃動，搭在鄰居小孩身上，將其挑起又輕輕地放到地上。他可以把碾小麥的碌碡搬起，用一隻手托在肩上，稱其為太極內功的「單托」。拜門弟子有賈安樹、蘇永志、陳建國、張相奎、郭建增等人，只有賈安樹全面繼承了班侯系列拳架及基本功法。

賈治祥（1918～2009），永年廣府鎮南街人，退休前在永年縣河北鋪供銷社工作。楊式太極拳第四代傳人。他是李萬成最小的徒弟，性情敦實忠厚，勤奮刻苦，深得萬成厚愛。然其雖得真傳，卻從不炫耀於世，「上善若水」，「大智若愚」，幾十年隱居民間，謹遵師命，演練不輟。

1982年，賈老師所在的河北鋪供銷社有四個年輕人，聽說賈老師會練太極拳，就要與他比試，賈老師讓四人一起上，他用玉女穿梭身法，把四人都打倒在地，從此，他們便拜在賈老師門下，學習楊班侯太極拳。正是這位「為而不恃，功成不居」的鄉村賢師，在保留楊班侯拳架系列方面，起到了舉足輕重的作用。

隨著改革開放盛世的到來，賈老師的技藝逐漸得到重

視。他從 1991 年開始，參加了歷屆中國永年太極拳國際聯誼會。他帶領弟子表演的楊班侯太極拳八種傳統套路，受到廣泛好評，被邯鄲電視臺錄入「太極故鄉看真功」電視片中。

1993 年 6 月，應邀參加了第二屆武當拳功理功法研討會，被聘為中國武當山武當拳法研究會特邀顧問。

2005 年應邀參加了西安「華亞杯」楊式太極拳西安國際邀請賽，並任大會副主席。

曾多次被報刊專訪報導，接受全國各地及港臺、日本、新加坡等地太極拳愛好者的來訪。其傳略資料被收入《世界名人錄》中。

賈治祥老師的主要弟子有：永年賈安樹、蘇學文、馬繼革、李現平、王振江、趙國瑞、趙占英、胡素芳，西安路迪民，邯鄲高歧山、龐大明、安樹春、宋保志、左貴臣、郭繼耀、常峰林、郭玉明、田淳、閆淑新、李海峰，邢臺關志剛、梁秀梅，石家莊趙濟夫、乞秀芳、鞏向萍、喬蓮悌，新加坡王黎曼、王集福、黃德全，日本郭大鯨。其中很多人都成為太極名師。

賈安樹，1954 年 2 月生於永年廣府，賈治祥老師之幼子。自幼隨父習拳，後又受父命，「易子而教」，跟師伯林金聲從 1977 年至 1986 年學拳十年。他身高一米八，勤奮好學，尊師重道，能吃苦耐勞。林金聲無兒無女，也把這個師侄當做親子。林家裡的農活，收種打磨，都由賈安樹承擔。林金聲 1986 年逝世，其老伴以後幾年去世，也是由賈安樹主辦喪事。

在父親和師伯的精心培養下，賈安樹全面系統地掌握了楊班侯所傳拳械系列，頗具功力，尤其善於表演最能夠增長和顯示功力的楊班侯大架太極拳和楊式四路炮捶、十三路炮捶等。六十多斤重的太極石球，亦可任意盤旋。

多年來，參加了歷屆中國永年國際太極拳聯誼會，楊氏太極拳主要傳人聯誼會等重大活動。曾多次應邀外出或向慕名前來拜訪的太極拳愛好者傳授技藝。在邯鄲電視臺錄製的專題片「太極故鄉看真功」中，也錄製了他所表演的多種拳械功法。作為領隊和教練，數次帶領弟子參加了各地舉辦的太極拳械、太極推手、散打擂臺賽，取得優秀成績。近年來，他還將班侯拳械進行了文字整理，在《武魂》、《武林》、《太極》等雜誌發表論著 20 多篇，為保存和弘揚國寶作出了積極貢獻。

現任永年廣府楊班侯太極拳研究會名譽會長、總教練，邯鄲市楊班侯太極拳研究會會長，永年太極拳培訓基地總教練，河北省太極拳協會顧問等職。其傳略資料被收入《世界名人錄》和《世界優秀人才大典》中。

賈安樹的拜門弟子有：永年賈延鵬、何周安、蘇永強、玉書斌、孫永剛、郝大鵬、楊少征、彭亮，邯鄲宋敬仰、賈占豐，石家莊趙軍紅，山東劉書臣、盧林、路建國、公衍崢，青島李樹剛、劉偉，浙江潘瑞光、朱茂龍、王燕東、丁曉暉、鐘曉靈、陳雅琴、張英、宋光森、黃賢武、金文林、陳德勝、李建喜，廣東榮繼文、謝濤、譚丁友、譚庚乾、傅忠堅、楊光育、吳彩煌、徐明、方耀基、張鵬彬、徐東兵、尹壽祺、陳康樂、莫璐玲、楊漢彬，江

蘇李愛君、張曉東、朱中貴、嵇友林等。

　　路迪民，1940 年生於陝西咸陽，西安建築科技大學教授，楊氏太極拳親族傳人趙斌老師的拜門弟子，著名太極拳學者。1991 年，在西安召開的「海峽兩岸楊式太極拳交流大會」上，賈治祥老師的弟子蘇學文（永年人，1966 年生，同為趙斌弟子），在大會上表演了賈治祥老師所傳楊班侯快架太極拳，當即得到與會觀眾及《武當》雜誌社主編的重視。經蘇學文聯繫，路迪民先生於 1993 年春節趕赴永年拜師，第一個向賈老師學習了楊班侯小架太極拳。同年，又在《武當》雜誌發表了《楊班侯太極拳架系列及其傳人賈治祥》一文，並推薦賈治祥父子和蘇學文到武當山參加了第二屆武當拳功理功法研討會，使「班侯拳」更快地走向社會。

二、楊班侯太極拳架系列簡介

　　李萬成所傳楊班侯太極拳械，內容相當豐富。太極拳包括中架、大架、小架、快架、提腿架、四路炮捶、十三路炮捶、撩挎八卦掌。雙人練習的有太極推手、大擺、散手、32 短打等。此外還有太極樁功、太極內功、太極球、太極刀、太極劍、太極槍等。

　　本書介紹的主要是太極拳架系列。

1. 楊班侯中架太極拳

　　這是班侯拳的入門架子，類似目前流行的楊澄甫定型拳架，永年人稱之為楊氏老架。其姿勢高低與動作幅度皆

適中，弓步坐腿，膝蓋不超過足尖，速度較慢，打一遍約20多分鐘。在手眼身法步皆能合度的基礎上，做到圓活連貫，上下相隨，由鬆入柔，運柔成剛，漸至輕靈不浮，沉穩不僵，加之推手練習，可收相當之功效。

此架體用兼備，老少皆宜，尤以健身效果顯著，堅持演練，可舒筋活血，順氣通絡，調節陰陽，袪病延年，因而最宜在廣大武術愛好者中推廣。

2. 楊班侯快架太極拳

快架是在中架具有相當功夫時，為增長武功而深入練習的拳架，側重於發勁練習。其特點是速度快，姿勢低，長功較快，實用性強。全套拳架要在3至5分鐘內練完，故稱快架子，亦屬低架。

該架在姿勢與技法上與中架有明顯的區別，步子比中架大，弓步坐腿，膝蓋一般要超過足尖，大腿基本平行於地面，或臀部再低一些。上步時身體不可起伏，足稍向外側繞至身前，以前足大趾尖著地。在演練速度上，除整體速度較快之外，很多定式動作要發勁。

要求以意行氣，以氣催勁；心與意合，意與氣合，氣與勁合，不用拙力。很多動作均含有上中下三個部位的打法，動作大開大合，舒展大方，虛實分明。

據說楊班侯在打快架的四隅捶時，四捶聽起來是一個聲音，使人目不暇顧。其技擊意義多為直取，但非外家拳之剛直，內中仍然有化、引、拿、發之程式，直中有曲有圈，剛中有柔，勁不可斷，正所謂「直圈」、「含圈」，出手中隨時都有螺旋勁。

此架難度較大，即使中架功底較好，初學也難以較快適應，必須先分段練習，隨著功底的增長，漸至一氣呵成。

3. 楊班侯大架太極拳等動作的差別

大架的特點與快架近似，但比快架的步子和動作幅度更大，姿勢更低，速度略慢，側重於功力的增長。弓步坐腿，臀部均低於膝。由於重心低，還要邁步如貓行，不能起伏，故而腿部用力大，最吃功夫。

功夫深的可以在方桌或板凳底下穿越。練習大架能將周身筋骨拉開，在實戰中也能遇高隨高，遇低就低，身法自然，隨心所欲。

4. 楊班侯提腿架太極拳

提腿架，顧名思義，就是強調要把腿提起來。該架和中架的名稱順序相同，只是練法不同。它是專門練習腿功和樁功的拳架，要求每個動作在上步時，先將一腿直立，另一腿提起，大腿與地面平行，然後單腿沉腰下蹲，再將提起之腿仆步伸出。每次提腿，均含有蹬、踹、挑、踩、挫和膝部沖頂等腿法，以達到腳下落地生根，穩如泰山，一身輕靈，手腳並用，隨心所欲之目的。

顯而易見，這種練法的功效大，難度也大，一般人開始學習，很難將一套拳一氣打下來。

5. 楊班侯小架太極拳

楊班侯小架太極拳，是在練習中架、快架、大架、提腿架之後，以練意練氣為主的高層次拳架，傳授也十分秘惜。其特點是姿勢高，速度慢，動作幅度小，可以站在方

桌上演練。雙手總似抱球狀，練完一遍約 30 多分鐘。其動作名稱與其他楊式拳架類似，但有許多「開合」動作，這是其他楊式拳架所未見到的。

姿勢變換也有起伏，但不是先起後沉，而是先沉後起，上步時身稍沉，弓步時身再起，這樣做有抻筋拔骨之效，也符合發勁的力學原理。

小架的練功層次，可以說是由招功、勁功進入氣功階段的練法，煉精化氣、煉氣化神，煉神還虛，以便達到無形無象，全身透空，肅靜自然之境。太極拳講究由開展到緊湊，練到最後，由大到小，有寸勁、分勁之內涵。但若以健身為主，也不一定要先練快架、大架才能練小架，老年拳師以此架養身也更為合適。

賈治祥老師講，小架不輕易傳授，是因為不好練，擇人極嚴。要全身放鬆，用「心」來練，徹底地以意領氣，以氣運身。呼吸可以逐漸與動作配合，但攢不上就不要配合，千萬不能憋氣。氣通全身，有感覺，手心發熱，身體發癢，骨縫都練開了，有時發響，但不要著意追求。

6. 楊班侯傳楊式炮捶

楊式炮捶，有兩種套路：四路炮捶和十三路炮捶。

四路炮捶實際上是六個短套路的組合，各有其獨立性，可以單獨練習，沒有固定的連續性。十三路炮捶是連續的九式動作。

這兩種套路都是以增長功力和練習技擊應用的套路，是鍛鍊剛勁、直勁、螺旋勁，增長爆發力和內力的拳勢。要在中氣貫足，柔纏螺旋擰裹中，顯出剛、快、脆的形

象，體現太極拳如綿裏鐵，柔中寓剛，剛柔相濟的真諦。練習炮捶還能將周身筋骨拉開，氣血暢通，節節貫串，增強體質，健全內臟，提高內力。

至於為什麼叫「四路」、「十三路」炮捶？前輩並沒有詳細解釋，可能是從方位和五行八卦的角度命名的吧！

眾所周知，陳式太極拳的第二路也叫炮捶，但它與楊式炮捶沒有淵源關係，練法和名稱都大不相同。在中國武術中，炮捶是較為剛烈威猛的拳勢的一種概括性名詞。著名的三皇炮捶流傳很廣，少林寺也有少林炮捶三路，陝西紅拳系統中的炮捶套路多達十餘套。

楊式炮捶，似乎在楊健侯的各分支中無傳，是楊班侯所創，還是楊祿禪所傳，已無法考證。但他作為楊班侯所傳的一個重要練功方法，是客觀存在、也非常寶貴的。

此外，楊班侯還傳有一種單練套路：撩挎八卦掌，按照八卦方位進行練習。其動作和四路炮捶的「撩挎捶」類似，但不屬於炮捶，本書附於炮捶之後加以介紹。

以上拳架系列，充分體現了班侯拳「擰裏、鑽翻、螺旋、崩砟、驚彈、抖搜」的六合勁特點，使拳式在手眼身法步的前進、後退、上下、左右、閃避、迴旋、奇正等多方位得到鍛鍊，從而做到內外合一，渾然一體，在千變萬化中克敵制勝。

三、楊班侯拳架系列與 85 式的結構對比

楊班侯拳架系列除了練法上的特點之外，在拳架結

構上與楊澄甫的定型架（通常稱為 85 式太極拳）基本相似，但也有少許差別，從中可以看出楊式拳架的演變情況。下面提供一些動作名稱和練法的對比，以供讀者先增加一點感性認識。

1. 關於「攬雀尾」

在 85 式中，攬雀尾包括「左掤、右掤、攦、擠、按」5 個動作。但在班侯拳中，攬雀尾就是攬雀尾，不包括「掤攦擠按」。他是兩手同時前抄，手心前後相對，前手掌心向上，後手掌心向下，其形象好似前手捉鳥頭，後手捉鳥尾。

楊班侯的中架、小架、提腿架，只有「左攬雀尾」（動作名稱無「左」字），後面將「掤攦擠按」作為另一式。快架、大架，都有「左攬雀尾」和「右攬雀尾」，後面是「攦擠攦按」的動作，沒有掤式。由此可見「攬雀尾」的原始含義以及動作編排的分合演變。

2. 關於「抱虎歸山」

85 式的「抱虎歸山」相當於「轉身右摟膝拗步」加上「攬雀尾」的攦、擠、按，緊接「肘底看捶」或「斜單鞭」。班侯拳中架的「抱虎歸山」只相當於「轉身右摟膝拗步」，下面有「攬雀尾」、「掤攦擠按」、「單鞭」，然後再做「肘底看捶」。快架大架沒有抱虎歸山，肘底捶前面還有「古樹盤根」（掃堂腿）。

3. 關於「栽捶」

班侯拳中的「栽捶」都是「箭步栽捶」，即左腳隨身向前跳起，右腳落地後再做栽捶。第一個「海底針」前面

有「童子抱球」，第一個「撇身捶」後面有「四隅錘」，第二個「撇身捶」後面有「二起腳」。每個「金雞獨立」在獨立之後都要將提起之腿向前平直踢出，小腿再收回落步。「轉身十字腿」都要用左手迎擊右腳面。其快架、大架、小架的前後三個「雲手」，都不是一種做法。

從以上對比可以看出，在楊氏太極拳的流傳中，動作有所演變，但是基本結構沒有太大的變化。然而在練法上，不同的傳承則豐富多彩，各有千秋而殊途同歸。

四、班侯拳的形、法、功和意、氣、勁

要練好太極拳，並獲得真正功夫，必須對太極拳的形、法、功和意、氣、勁有所認識。

所謂「形」，就是太極拳的動作外形；「法」，就是招式應用方法；「功」，就是功夫、功力。形中寓法，法含於形，歸宿於功。

太極拳的每招每式，都有其用法含義。所以在練習拳架時，必須按照師傳，首先做到形似，才能作為技擊應用的基礎。形不正確，則難於應用，健身效果也差。

初練太極拳要求柔和緩慢，要舒展大方，就是要首先把「形」練到位。好像寫字一樣，要先練大字，再練小字。先學楷書，再學行書、草書。這也是太極拳必須從中架入門的原因。有了正確的合「法」的「形」，久久練習，也能逐漸增長功力，所以把慢架子也叫「功架」。

當然，只有太極之形，不懂太極之法，則不能應用。

所以在練拳時要逐漸懂得一些太極拳的用法。知道用法，就可以驗證「形」，糾正「形」。

太極拳的動作特點，表現為處處是圓，是圈，其中就有折疊纏繞、引進落空、柔化剛發、四兩撥千斤的技法內涵。只依靠緩慢的形，顯然是不能禦敵的，這就要進而練習接近實際的快架、大架及炮捶、撩挎掌等，通常稱其為「用架」或「技擊架」。

每種招式也不是一種用法，要「捨己從人」，根據對方的勁力變化而千變萬化。所有這些，永無止境。不但要在練拳時有所顧及，還要透過推手、散手等實踐鍛鍊才能熟練掌握，不斷提高，及至萬法歸一，隨心所欲。

但是，太極拳的形和法，都要以「功」作為基礎，也要以「功」為歸宿。練形、練法，都是練功，所以把中國武術也叫中國功夫。

拳諺云：「練拳不練功，到老一場空。」太極拳屬於內功拳，講究以柔克剛，以小力勝大力。這種功夫，就不是一般蠻力、拙力所能濟事。

楊澄甫先師說：「太極拳，乃柔中寓剛、綿裡藏針之藝術，於技術上、生理上、力學上，有相當之哲理存焉。」其外形雖然柔和卻堅韌有勁，剛柔相濟，牢而有根。輕靈不浮，沉穩不僵。用以禦敵，人不知我，我獨知人。對方打我，如水上踩葫蘆，終不得力。我打對方，發勁於其不知不覺之中，如脫彈丸。欲達此境，就要在剛柔兩方面都下工夫。

「柔」的概念，在於勁力的靈活，有彈性，使對方找

不到重心；「剛」的概念，則是穩健沉著，堅忍不拔，這就要有相當的「勁力」作為基礎，要下苦功。拳論雖有「四兩撥千斤」之語，這是以柔克剛的比喻。楊班侯先師說：「練成千斤力，只需四兩功」，說明太極拳術不但要有高超的柔化技法，還要有超凡的勁力。如果連四兩力都沒有，何談抵禦千斤？

班侯拳的低架、快架、提腿架、炮捶，除了練習用法之外，都是以增長勁力為主要目的的。在練習拳架的同時，還應練習腰腿的基本功和站樁功。在此基礎上，再練散手對打、推手、大攦，並由本門師傅親自餵勁，挨打吃苦，才可真正掌握太極之法，獲得剛柔相濟之功，以便實際運用。

作為內家拳術，如何處理意、氣、勁的關係，至關重要。「意」就是意識、意念；「氣」，不是指呼吸之氣，而是內氣；「勁」，也不是蠻勁，拙勁，而是內勁。

太極拳講究「以心行氣，以氣運身」。「心」產生「意」，所以也說「以意領氣」。「意」怎麼領「氣」？是否一定要讓思想、意念總想著氣的運行？不是！「意不在氣，在氣則滯」。

以意領氣的實際含義是，意念到了什麼地方，氣就自然跟到什麼地方，即所謂「意到氣到」。

那麼，練拳時的「意」究竟要在什麼地方？思想要想什麼？這個「意之所在」，就是動作，就是用法。就是要有假想的敵人，「三前（眼前、手前、足前）無人若有人」。思想想著用法，內氣就跟著運行，形和法均含其

中。這和騎自行車一樣，思想只要想著往哪裡走，手腳就自然操縱車子向那個方向前進，而不是思想總想著手和腳的動作。

「以意領氣」還有一個重要含義，就是要全身放鬆，「用意不用力」。鬆則通，通則靈，靈則活。太極拳的健身效果，也只有依靠放鬆用意才能疏通經絡，通氣活血，延年益壽。

內氣的概念，雖然還沒有科學實驗依據，但是已有相當豐富的實踐體驗。可以這樣認為，內氣是周流全身經絡的一種能量流，是維持人的生命和健康的關鍵因素。「氣遍身軀不稍滯」，「心為令，氣為旗，腰為纛」，其微妙的作用，透過實踐就能心領神會。

內勁，是內家拳特別是太極拳功夫的重要體現。它是一種全身的整體勁，「其根在腳，發於腿，主宰於腰，形於手指」。

更重要者，它不是單純依靠筋骨肌肉的力量來實現，而是在意、氣的作用下，促進筋骨肌肉產生的爆發力，意到氣到，氣到勁到。故曰「意氣君來骨肉臣」。

這種內勁的練習，是要由「由鬆入柔，運柔成剛」的積累和「由招熟而漸悟懂勁」的過程，從而達到柔中寓剛，綿裡藏針，極富彈性和迴旋變化能力，絕無僵硬脆斷之弊。舉手投足，看似柔綿無力，靜則穩如泰山，動則無堅不摧。所以無論練習慢架快架，都要貫徹放鬆用意的原則。練拳時，動作愈柔，內勁愈增，或曰「有意放鬆，無意成剛」（無意間自然成剛），拳論云：「極柔即剛極虛

靈」，就是這個道理。練到最後，則純以神行，無招勝有招。

楊班侯小架太極拳，就是專門煉氣、煉意的拳架。練時要柔綿而毫不著力，以意行氣，以氣運身，蠕蠕而動，雖動猶靜。練到精微處，使人感覺渾身舒坦，精神百倍，肉體似乎融化了，一身只是氣。這就是所謂「無形無象，全身透空」的境界。

到了這種境界，天人合一，邪魔不生，只剩下一個「無」字。這也是道家練功的最高境界。亳州老君碑上由三個「無」字組成的一個字，就是「仙」字。

總之，文修於內，武修於外，以「意、氣，勁」駕馭「形、法、功」，才是班侯拳的不二法門，也是太極拳的真諦。

第二章

楊班侯中架太極拳

一、楊班侯中架太極拳動作名稱

1. 預備式
2. 起　勢
3. 攬雀尾
4. 掤攦擠按
5. 單　鞭
6. 提手上勢
7. 白鶴亮翅
8. 左摟膝拗步
9. 手揮琵琶
10. 左摟膝拗步
11. 右摟膝拗步
12. 左摟膝拗步
13. 手揮琵琶
14. 左摟膝拗步

15. 進步搬攔捶
16. 如封似閉
17. 十字手
18. 抱虎歸山
19. 攬雀尾
20. 掤攦擠按
21. 單　鞭
22. 肘底看捶
23. 左右倒攆猴
24. 斜飛勢
25. 提手上勢
26. 白鶴亮翅
27. 左摟膝拗步
28. 童子抱球

二、楊班侯中架太極拳動作圖解

第一式　預備式

面向正南，兩足平行分開，與肩同寬，眼向前平視，虛領頂勁，含胸拔背，沉肩垂肘，氣沉丹田，兩臂自然下垂，鬆腰胯，精神內固，一任自然（圖2－1）。

第二式　起　勢

1. 兩手指自兩胯旁隨臂徐徐向前平舉，與肩同高。兩臂前舉時肘不可挺直，手指微上翹，但不用力，五指自然舒展，掌心微凹，勁貫掌根（圖2－2）。

圖2－1　　　　　　圖2－2　　　　　　圖2－3

2. 兩肘下沉，帶回小臂，慢慢向下按至兩胯旁，掌心朝下，五指朝前。眼神向前平視（圖2－3）。

第三式　攬雀尾

1. 兩腿屈膝略蹲，鬆腰胯，腰右轉，右腳尖外撇，重心移向右腿，將左腿提至右腳前。左手經丹田前向右弧形抄至右肋旁，臂外旋，變掌心向上；右手掌隨腰胯右轉，自下向上弧形翻起至右胸前，與左手掌相對成抱球狀（圖2－4）。

2. 左腳向東南方向邁出一步，重心前移成左弓步。左手弧形向上抄起至左前方，右手隨之跟進。兩臂微屈，雙手掌心斜相對，虎口向前，左手如抓雀頭，右手如抓雀尾（圖2－5）。

圖2－4　　　　　圖2－5

第四式　掤攦擠按

1. 掤　式

由前式，身體右轉至正西方，左腳尖內扣。左手掌自前方向上翻起至左胸前，變掌心向下；右手掌向下收至左肋旁，掌心向上，與左手掌心相對，成抱球狀，左肘略低於腕，兩臂呈弧形。右腿回收至左腳前側，復向右前方邁回原位，腳尖向西北方，腰胯隨周身微右轉，重心前移成右弓步。與此同時，雙手弧形向上掤至右前方，與胸同高，右手在前，左手在後，右肘與右肋同高，兩手指尖向前，兩臂微屈（圖2－6～圖2－8）。

2. 攦　式

由前式，左腿前收至右腳後側，復向後伸回原位，然後重心後移。與此同時，左右兩手掌向前，右手掌隨勢內

圖2−6　　　　圖2−7　　　　圖2−8

圖2−9　　　　　圖2−10

旋翻下，左手掌外旋翻上，右手掌在前，左手掌在後，
兩手掌隨重心後移，微左轉向下往後搌，左手掌搌至左肋
旁，右肘收至右肋旁。含胸沉氣，鬆腰胯（圖2−9、圖
2−10）。

圖2－11　　　圖2－12　　　圖2－13

3. 擠　式

右腿回收至左腳前側。同時，右手掌向下外旋抄至左肋旁，掌心向上；左手掌上移內旋變掌心向下，與右手掌呈抱球狀。接著，右腿向右前方伸出邁回原位，然後重心前移成右弓步。同時，左手貼於右腕內側，向下隨腰胯弧形向右前上擠出。

隨擠腰微右轉，右肘與右膝相合，兩臂呈弧形，右手略高於胸，左腿自然伸直（圖2－11～圖2－13）。

4. 按　式

左右兩手掌向前，右手掌隨勢內旋翻下，左手掌掌心朝下，從右手背上面向左分開。同時，左腿前收至右腳後側，復向後伸回原位，重心再後移至左腿，右腿回收至左腳前側。隨重心後移，兩手掌向後收至胸前，掌心向內，與胸間距一拳半，兩掌外翻豎腕，成掌心向外，指尖向上。然後，右腿向前正西方邁出一步，重心前移成右弓

圖2－14　　　　　圖2－15　　　　　圖2－16

步。兩掌微向下，隨弓膝向前按出，腰微右轉，兩手掌與胸同高，兩掌根與右腳尖齊，臂微屈。左腿伸直（圖2－14～圖2－16）。

第五式　單　鞭

1. 由前式，右腳尖內扣90°，腰左轉，面向正南，左腿回收至右腳前側。雙手隨腰左轉，同時將右手五指內旋下垂變為鈎手，並向右伸出；左手掌收至右胸前，掌心向內（圖2－17、圖2－18）。

2. 左腿向左前方邁出一步，腳尖向東北方，右腳跟外撇，重心前移成左弓步。左手掌往上向左前伸出，並向下略沉，與肩同高，掌心向外，坐腕，臂微屈，鬆腰胯，沉肩垂肘。左手掌與左腳尖相合，左肘與左膝相合，右臂微屈與肩同高，右腿自然伸直（圖2－19）。

圖2－17　　　　圖2－18　　　　圖2－19

第六式　提手上勢

由前式，腰右轉，左腳尖內扣，面向正南，右腿從左腳前側向右前方伸出半步，腳跟著地成右虛步。同時，兩手互相往裡提合，右手在前與肩同高，左手在後與胸同高，兩手掌心左右斜對，右肘與右膝相合，沉肩垂肘，兩臂鬆開，不可夾緊（圖2－20）。

圖2－20

第七式　白鶴亮翅

1. 由前式，右腿回收至左腿前側，腰左轉。右手向左下沉，抄至左肘下，掌心向下；左手向後置於右肘上面，

掌心向下（圖2-21）。

2. 腰轉向正東方，右腳向右橫跨半步，腳尖向東南方，重心移向右腿，鬆腰胯。雙臂隨身右移（圖2-22）。

3. 左腿回收向左前方伸出，腳尖著地，成左虛步。同時，兩手掌上下分開，右手上翻至頭部右上，掌心向外；左手掌下沉至左胯旁，掌心向下（圖2-23）。

第八式　左摟膝拗步

1. 腰微左轉，再向右轉。右手掌同時隨腰胯向左往下經面前弧形摟至丹田處，掌心向上；左手掌外旋，掌心向上，隨腰胯右轉，向上翻起至頭上，掌心向右（圖2-24）。

2. 左腿回收至右腳前側，復向左前方邁出一步，重心前移成左弓步。同時，左手掌向下隨腰胯左轉經面前、左

圖2-21　　圖2-22　　圖2-23　　圖2-24

膝前，摟至左胯旁，掌心向下；右手掌向上提至胸前，掌心向外，指尖向上，向前按擊。眼隨右手前視（圖2－25～圖2－27）。

圖2－25　　　　圖2－26　　　　　圖2－27

第九式　手揮琵琶

由前式，右腳跟進半步，重心後移；左腿向前微伸，腳尖著地成左虛步。同時，右手掌隨勢往右往後收合至胸前；左手亦同時臂外旋向上外繞，向前往上收合，指尖與鼻同高，兩手掌心參差相對，如抱琵琶狀。眼神前視（圖2－28）。

圖2－28

第十式　左摟膝拗步

由前式，腰右轉。右手掌外旋向下收至丹田處，掌心向上；左掌隨腰胯右轉，向右收至右耳旁。左腿回收再向左前方邁出一步，然後腰左轉，重心前移成左弓步。同時，左手掌隨腰胯左轉，向下經左膝外摟至左胯旁；右手掌向上提至胸前，臂內旋，隨腰胯向前按擊，掌心向外，指尖向上（圖2－29～圖2－31）。

第十一式　右摟膝拗步

由前式，腰微左轉，左腳尖外撇落地，右腳向右前方邁出一步，腰右轉，重心前移成右弓步。與此同時，右手掌向後收至左耳旁，隨腰胯右轉向下經右膝前摟至右胯旁，掌心向下；左手掌外旋變掌心向上，經丹田提至胸前，再隨腰胯向前按出，掌心向外，指尖向上（圖2－

圖2－29　　　　圖2－30　　　　　　圖2－31

32～圖 2－34）。

第十二式　左摟膝拗步

動作與第十一式「右摟膝拗步」相同，唯左右相反。

第十三式　手揮琵琶

動作與第九式「手揮琵琶」相同。

第十四式　左摟膝拗步

動作與第十式「左摟膝拗步」相同。

第十五式　進步搬攔捶

1. 腰微左轉，右腿向前收至左腳前側，腳尖著地成虛步。同時，右手掌變拳，隨腰胯左轉，向後搬至左胸前，拳心向裡，左手提至右拳左側（圖 2－35）。

圖 2－32　　　　圖 2－33　　　　圖 2－34

圖2－35　　　　圖2－36　　　　　　圖2－37

2. 右腿向右前橫邁出一步，腰右轉，重心前移成右弓步。右拳隨腰胯右轉向下攔至右腰旁，左手掌向前推至胸前，掌心向外（圖2－36）。

3. 左腿向左前方邁出一步，重心前移成左弓步。右拳外旋，隨腰胯左轉用螺旋勁向前擊出，拳心向左，拳眼向上，臂微屈，與胸同高，左手掌回收置於右肘內側（圖2－37）。

第十六式　如封似閉

1. 右腿收至左腳後側，復向後伸回原位。同時，右拳變掌外旋，掌心向上，並微左移；左手掌心朝下，經右肘下向右外微伸，隨伸臂外旋，掌心翻朝上，使兩臂交叉，右臂在裡，左臂在外，然後向後收至胸前。隨收重心移向右腿，左腿回收至左腳前側。同時，將兩掌左右分開，兩

掌與胸同高，指尖斜朝上（圖2-38）。

2. 左腳向左前方邁回原位，重心前移成左弓步。兩掌同時內旋豎腕，掌心向外，隨腰胯向前按擊。眼神前視（圖2-39）。

第十七式　十字手

1. 腰右轉，左腳尖內扣至正南，右腳收至左腳內側，兩腳與肩同寬，腳尖向前。兩掌隨轉腰收至胸前，再向下按至兩胯旁，與起式相同（圖2-40、圖2-41）。

圖2-38

圖2-39　　　　　圖2-40　　　　　圖2-41

2. 兩手掌外旋，掌心向上，向左右分開上舉至頭頂，兩掌心相對，然後向下經面前交叉，右手掌在外，左手掌在裡，下沉至胸前，兩掌心向裡成十字手。兩腿微屈，含

圖2－42　　　　圖2－43　　　　　　圖2－44

胸拔背，沉肩垂肘（圖2－42）。

第十八式　抱虎歸山

1. 腰右轉向西，左腳尖內扣，右腳提起。雙手隨轉腰右移（圖2－43）。

2. 腰繼續右轉，右腿提起向西北方向邁出一步，重心前移成右弓步。右掌向下經右膝攬至右胯旁，左手掌隨腰胯右轉從胸前推出（圖2－44）。

第十九式　攬雀尾

腰左轉，右腳尖內扣轉向正南。右手掌外旋變掌心向上，從右胯旁向上弧形翻起至右肋前，變掌心向下；左臂外旋回收，掌心向上，與右掌成抱球狀。左腿收至右腳前側，復向東南方向邁出一步，重心前移成左弓步。

與此同時，右手向前掤出，左手隨之跟進，兩臂微屈，雙手掌心斜相對，虎口向前，左手如抓雀頭，右手如抓雀尾（圖2－45）。

第二十式　掤擺擠按

動作與第四式「掤擺擠按」相同。

第二十一式　單　鞭

動作與第五式「單鞭」相同。

第二十二式　肘底看捶

1. 由單鞭式，右鉤手變拳，左手掌略下沉掌心向下，收至胸前。右腿向右前方橫邁半步，重心前移，同時左手掌往後收至左肋旁，右手從右側弧形向前上舉起，並由掌變拳（圖2－46）。

圖2－45　　　　　　　圖2－46

2. 左腿向左前方伸出，腳跟著地成左虛步。左手從右拳內側弧形向前向上伸出，掌心向右，手指朝上；右拳同時收於左肘下，拳眼朝上（圖2－47）。

第二十三式　左右倒攆猴

1. 左倒攆猴

由前式，右拳變掌，掌心向上提至胸前；左手掌向前伸，掌外旋，變掌心向上。然後左腿向左後退一步，重心後移成右虛步。左手隨勢往後沉擺，收至左胯旁，掌心向上；右掌內旋豎腕伸指變掌心向外指尖向上，掌隨勢向前按擊。眼神前視（圖2－48、圖2－49）。

2. 右倒攆猴

左手掌向上提至胸前，臂內旋，指尖向上，掌心向外；右手掌微前伸，掌心向上。右腿向後退一步，重心後移成左虛步。右手掌隨勢往後沉擺，收至右胯旁，掌心向

圖2－47　　　　圖2－48　　　　圖2－49

上，左手掌隨勢向前按出。眼神前視（圖2－50）。

3. 左倒攆猴

動作與右倒攆猴相同，唯左右相反（圖2－51）。

左右倒攆猴可做三個或五個，以「左倒攆猴」結束，但是要和「雲手」、「野馬分鬃」相適應。「左右倒攆猴」、「野馬分鬃」是向西，「雲手」是向東。前者做三個，後者也做三個，以便收勢能回到原位。

第二十四式　斜飛勢

1. 腰右轉，左腳尖內扣，右腿收至左腳前側。同時，右手掌向左抄至左肋下，掌心向上；左手掌向上翻至左胸前，掌心向下，兩手如抱球狀（圖2－52）。

2. 腰繼續右轉正南，右腳向右前方邁出一步，重心前移成右弓步。右手向下向前往上掤出，掌心斜朝上；左手往後向下採至左胯旁，掌心朝下。眼神注視右手方向

圖2－50　　　　　圖2－51　　　　　圖2－52

（圖2－53）。

第二十五式　提手上勢

左腳上前半步，重心後移成右虛步，其餘動作與第六式相同。

第二十六式　白鶴亮翅

動作與第七式「白鶴亮翅」相同。

圖2－53

第二十七式　左摟膝拗步

動作與第八式「左摟膝拗步」相同。

第二十八式　童子抱球

1. 腰微右轉，左腳尖內扣，重心後移，右腿回收半步，腳尖著地成右虛步。右手掌回收至右肩旁，掌心斜向上；左手同時向上弧形上舉翻起至頭頂，掌心斜向下，兩掌心相對成抱球狀（圖2－54）。

2. 右腿向右前邁出一步，重心前移成右弓步。右手掌隨弓步向前伸出，右臂微屈；左手掌前伸至右肘內側，掌心向下（圖2－55）。

第二十九式　海底針

由前式，腰左轉向東，隨轉腰，右腳尖和膝蓋內扣。

圖2－54　　　　　　圖2－55

雙手向上翻起向身後正
東方掄轉。同時，左腳
回收半步，腳尖點地成
左虛步，接著躬身折腰
下沉。兩手掌隨著躬身
折腰，右手向前下插
擊，左手落至左膝旁。
眼神前視（圖2－56）。

圖2－56

第三十式　扇通背

　　由前式，兩手掌隨腰胯挺起。左腿向左前方邁出一
步，重心前移成左弓步。與此同時，右手掌向上外翻起至
右額旁，掌心向外，掌緣朝上；左手掌上提至胸前，再隨

圖2－57　　　　　　圖2－58　　　圖2－59

弓膝向前按出，勁由脊發。眼神前視（圖2－57）。

第三十一式　翻身撇身捶

1. 腰右轉，左腳尖內扣。左手掌向下收至左胯旁，右手掌向下收至左肋旁，並將手掌變拳，拳背向上（圖2－58）。

2. 腰繼續右轉至正西，右腿向右前方伸出半步，腳尖著地成右虛步。同時，雙手向上向右翻轉至胸前，右拳經胸前向外翻轉，成拳心向上，往下向前撇下；左手掌經額前翻轉，置於右肘內側上面。眼神前視（圖2－59）。

第三十二式　四隅捶一

1. 由前式，重心移向右腿，腰右轉，左腿向左前側橫跨一步，重心移向左腿，腰胯繼續轉向正北方。右拳內旋

圖2－60　　　圖2－60正面　　　圖2－61　　　圖2－61正面

向前伸出，拳心向外；左手置於胸前，掌心向上（圖2－
60、圖2－60正面）。

2. 右腳回收，腳尖點地。右拳同時收至左胸前，拳心
向裡；左手向上翻至頭部左上側，掌心向前（圖2－61、
圖2－61正面）。

3. 右腳向西北方向邁出一步，重心前移成右弓步。右
拳向下往上弧形擊出，拳心向裡，拳面向上；左手掌向前
往下弧形摟至左胯旁，掌心向下（圖2－62、圖2－62正
面）。

第三十三式　四隅捶二

1. 由前式，左腿前收與右腳尖相齊，與肩同寬，腰胯
挺起。右拳向下收至右胯旁，雙手從兩胯旁向左右分開，
上舉至頭上，左手掌心向下，右拳拳心向內。然後躬身下

圖2－62　　　　　　　圖2－62正面

腰，雙手向下栽至兩腳尖前，右拳面著地，左掌置於右拳旁（圖2－63、圖2－64）。

2. 左掌和右拳隨腰胯挺起，腰左轉至西南方，右腳尖內扣，左腿向左前方邁出一步，重心前移成左弓步。左手掌向上翻起至頭上，掌心向下經面前胸前向下至左膝前；右拳向後向上翻起至頭上，拳心向內（圖2－65）。

3. 右腿向右前邁出一步，重心前移成右弓步。右拳隨腰向前往下截擊，左手弧形摟過左膝，置於左胯旁。左腿自然伸直，眼視前下（圖2－66）。

第三十四式　四隅捶三

1. 身漸起，腰右轉，右腳尖外撇落地，然後提起左腳，腰繼續右轉向東北，左腿隨腰向右腳西北橫伸一步。重心移向左腿，腰轉向東南方。右拳隨身轉向東南，拳心

圖2－63　　　　　圖2－64　　　　　圖2－65

圖2－66　　　　　圖2－67　　　　　圖2－68

向下；左手移至胸前，掌心向上（圖2－67）。

　　2. 右腿回收。右拳向後攦帶至胸前，左手豎腕，指尖向上（圖2－68）。

　　3. 右腿向右前方邁出一步，重心前移成右弓步。右拳隨弓膝用螺旋勁向前擊出，拳心向上，拳面向前，左手向

前置於右肘內側（圖2－69）。

圖2－69

第三十五式　四隅捶四

腰右轉，右腳尖外撇，腰繼續右轉向西北方向，左腿隨轉腰向東南方向邁出，重心左移成右虛步。雙手隨身轉向西北（圖2－70）。

以下動作與「四隅捶三」動作 2 3 相同，只是面對方向不同（圖2－71、圖 2－72）。

第三十六式　攦擠按

由前式，左腿前收復向後伸回原位，重心後移，右拳變掌，向下往後攦。以下擠、按的動作與第四式動作3、4相同。

圖2－70　　　　圖2－71　　　　　　圖2－72

第三十七式　單　鞭

動作與第五式「單鞭」相同。

第三十八式　雲　手

1. 由單鞭式，腰右轉至正南，左腳尖內扣，腳尖向前。左手掌向下收至左胯旁，掌心向內；右手掌向下收至丹田處，掌心向上，提至胸前。右腿回收至左腳右側成小開步，腳尖向前（圖2－73）。

2. 腰右轉，重心移向右腿。右手掌隨腰胯向右側掤出，再向下略沉外推，掌心向外，左手隨身右移（圖2－74）。

3. 左腿回收向左橫伸一步，腳尖向前，腰左轉，重心逐漸左移。右手掌向下收至右胯旁，掌心向內，左手掌向上提至胸前（圖2－75）。

圖2－73　　　　　圖2－74　　　　　圖2－75

4. 腰左轉，左手掌隨腰胯
向左側掤出，再向下略沉外
推，掌心向外，右手隨身左移
（圖2－76）。

圖2－76

從動作1至動作4，向右向
左各雲一次，算是一個雲手。
接著重複動作1到4，可雲三
至五個。但雲手的個數要與野
馬分鬃、倒攆猴相適應，以便
收勢回到原來位置。

第三十九式　單　鞭

右腳收至左腳內側，腳尖
內扣落地。右手向上向右經胸
前雲至右側，臂內旋，變為鉤
手；左手向下向右收至右胸
前，掌心向內。以下動作與第
五式動作2相同。

圖2－77

第四十式　高探馬

由單鞭式，重心後移，左腿回收半步，腳尖著地成左
虛步。左手掌向下鬆沉，臂外旋成掌心向上，收至左肋
前；右鉤手變掌，收至右肋前，掌心向下，向前伸出，掌
緣向外，與喉同高（圖2－77）。

圖2-78　　　圖2-79　　　　圖2-80

第四十一式　右分腳

1. 由前式，腰微左轉，左腿向左前邁出一步，然後腰右轉，重心移向左腿。左右兩手掌隨腰胯向右繞轉前伸，成左攦勢（圖2-78）。

2. 右腿回收，屈膝提起。雙手向左後攦回，同時將兩手掌收至胸前，相合成十字手，掌心向內，右手掌在外（圖2-79）。

3. 右腿向右前方直踢出，腳面向上。兩手掌同時向外翻轉，向左右平分開。眼向右前視（圖2-80）。

第四十二式　左分腳

1. 由前式，右腳向右前側落下，重心移向右腿，腰左轉。左右兩手掌先在胸前手心相對逆時針繞轉，左手隨腰

圖2－81　　　　圖2－82　　　　圖2－83　　　　圖2－84

胯向左前伸，成右搌勢（圖2－81）。

2. 左腿回收，屈膝提起。雙手向右後搌回，同時將兩手掌收至胸前，相合成十字手，掌心向內，左手掌在外（圖2－82）。

3. 左腿向左前方直踢出，腳面向上。兩手掌同時向外翻轉，向左右平分開。眼向左前視（圖2－83）。

第四十三式　轉身左蹬腿

1. 由前式，左腿收回，屈膝提起，右腳尖內扣，周身向左轉向正西方，左腳尖落地。兩手掌同時合抱至胸前，掌心向內成十字手，左手在外（圖2－84）。

2. 左腳提起，以左腳跟向前平直蹬出，腳尖向上。雙手同時向外反轉左右平行分開，掌心向外。眼視前方（圖2－85）。

圖2－85　　　　　圖2－86　　　　　圖2－87

第四十四式　箭步栽捶

1. 左腳向前落地，膝微屈，重心移向左腿；隨左腳著地，右腿隨身體屈膝提起，然後左腳掌蹬地向前上跳起，右腿隨即向前邁出一步落地站穩。與此同時，左手掌向上翻起，經面前胸前向下弧形落至腹前，右手落至右胯外側（圖2－86）。

2. 左腿向前邁出一步，重心前移，身腰向前下沉。與此同時，左手掌向左弧形摟過左膝，收至左胯旁；右掌變拳拳心向上，向後向上翻起至頭上，拳心向內，拳面向下，向前往下截擊（圖2－87）。

第四十五式　翻身撇身捶

1. 身體漸起，腰右轉，左腳尖內扣。右拳提起收至左

圖2－88　　　　圖2－89　　　　圖2－90

肋下，拳背向上，左手掌向上提至左胯旁（圖2－88）。

2. 與第三十一式「翻身撇身捶」動作2相同，只是轉向正東（圖2－89）。

第四十六式　二起腳

由前式，重心前移，左腳先向前踢起。右拳變掌上舉。緊接著右腳蹬地向上騰空跳起，腳面向前上踢出。同時，右掌由後向前迎擊右腳面。左腳下擺落地，以助右腳上踢之力（圖2－90、圖2－91）。

圖2－91

第四十七式 左打虎式

由前式，右腳落地，與左腳略齊，重心移向右腿，左腿向左後橫邁一步，重心移向左腿，成斜弓步。左右兩手掌同時隨腰胯左轉，向下往後攦，攦至左側，兩手掌變拳，左拳向後向上翻起至左額角旁，拳心向外，拳眼向下，隨腰胯右轉；右拳置於左肋旁，拳心向裡，拳眼向上，兩拳眼相對（圖2-92）。

圖2-92

第四十八式 右打虎式

由前式，右腿回收，腰右轉，右腳復向右前邁出一步，重心右移成右弓步。兩拳變掌，隨腰胯右轉，向下往右後攦，攦至右側，兩手掌變拳，右拳向後向上翻起至右額角旁，拳心向外，拳眼向下，腰胯左轉，左拳置於右肋旁，拳心向裡，拳眼向上，兩拳眼相對（圖2-93）。

圖2-93

第四十九式 右踢腳

由前式，重心移向左腿。兩拳變掌，收至腹前成十字手，掌心向裡，右手在外。右腿隨腰胯提起，右腳向前平

圖2－94　　　　　圖2－95　　　　　圖2－96

直踢出，腳面朝上。兩手掌同時向外翻轉，向左右平行分開，掌心向外。眼視前方（圖2－94）。

第五十式　雙風貫耳

1. 由前式，腰右轉，右腳收回屈膝提起，腳尖下垂。左右兩手掌收至胸前，掌心向上（圖2－95）。

2. 雙手從右膝蓋兩側向左右分開變拳，往後收至兩胯旁。右腿向右前方邁出一步，重心前移成右弓步。兩拳同時由後向前往上伸出合擊，拳眼相對，相距均兩拳半。眼神前視（圖2－96）。

第五十一式　左蹬腳

由前式，左腿前收提起。兩拳變掌收至胸前向內抱成十字手，左手在外，掌心向裡。然後左腳向正東蹬出。雙

圖2－97　　　　　　　　　圖2－98

手翻掌向左右分開，掌心向外（圖2－97）。

第五十二式　轉身右蹬腳

由前式，以右腳掌為軸，左腳隨腰胯右轉大半圈，面朝東北，左腳落下與右腳平行，重心移向左腿微屈。右腳屈膝提起，腳尖下垂。兩手掌收至胸前成十字手，右手在外，掌心向內。然後右腳向正東蹬出。雙手翻掌向左右分開，掌心向外（圖2－98）。

第五十三式　進步搬攔捶

由前式，右腳收至左腳前側。右掌變拳隨腰胯左轉，向後搬至左胸前，拳心向裡；左手收至右拳左側。以下動作與第十五式動作2、3相同。

第五十四式　如封似閉

動作與第十六式「如封似閉」相同。

第五十五式　十字手

動作與第十七式「十字手」相同。

第五十六式　抱虎歸山

動作與第十八式「抱虎歸山」相同。

第五十七式　攬雀尾

動作與第十九式「攬雀尾」相同。

第五十八式　掤攦擠按

動作與第四式「掤攦擠按」相同。

第五十九式　斜單鞭

動作與第五式「單鞭」相同，唯面向東南為斜方向。

第六十式　左右野馬分鬃

1. 右野馬分鬃

由前式，腰右轉向西，左腳尖內扣，右腿收至左腳前側。左手向內收至胸前，掌心向前下；右鈎手變掌，向內向下收至丹田處，掌心向上，上下兩掌成抱球狀（圖2－99）。

圖2－99　　　　圖2－100　　　　圖2－101

接著，右腳向右前方邁出一步，重心前移成右弓步。左右兩手同時上下分開，右手掌向下向上斜抄掤起，左手掌向左側下採至左胯旁（圖2－100）。

2. 左野馬分鬃

由前式，重心前移，腰微右轉，左腿收至右腳前側。右手掌心翻朝下，向內收至胸前；左手掌外旋向內收至丹田處，掌心向上，與右手成抱球狀（圖2－101）。

接著，左腳向左前方邁出一步，重心前移成左弓步。左右兩手同時上下分開，左手掌向下向上斜抄掤起，右手掌向右側下採至右胯旁（圖2－102）。

圖2－102

3. 右野馬分鬃

重心前移，腰微左轉，右腿收至左腳前側。以下動作與動作 1 相同。

野馬分鬃可做三個或五個，以右野馬分鬃結束。但要與雲手的個數相適應。

第六十一式　掤攦擠按

重心後移，右腳收至左腳內側，其他動作與第四式「掤攦擠按」相同。

第六十二式　單　鞭

動作與第五式「單鞭」相同。

第六十三式　玉女穿梭一

1. 腰右轉，面向西南，左腳尖內扣，右腿回收至左腳前側。左手掌外旋收至右胸前，掌心向內；右鉤手變掌，收至丹田處，掌心向上（圖 2－103）。

2. 重心移向右腿，左腿向西南方向邁出一步，重心前移成左弓步。同時，左臂弧形向上翻起至頭上，掌心向外；右手掌上提至胸前，臂內旋，掌心向外指尖向上，隨弓膝向前按出。眼神前視（圖 2－104）。

第六十四式　玉女穿梭二

1. 腰向右後轉，左腳尖儘量內扣落地，然後繼續向右轉腰，面向正東，並將右腳提至左腳內側。雙手掌隨腰胯

圖2-103　　　　圖2-104　　　　圖2-105

右轉，右手收至丹田處，掌心向
上；左手收至左胸前，掌心向裡
（圖2-105）。

　　2. 右腿向東南方向邁出一步，
重心前移成右弓步。同時，右臂弧
形向上翻起至頭上，掌心向外；左
手掌上提至胸前，臂內旋，掌心向
外，隨弓膝向前按出。眼神前視
（圖2-106）。

圖2-106

第六十五式　玉女穿梭三

　　由前式，腰左轉，右腳尖內扣，左腿收回再向東北方
向邁出一步，重心前移成左弓步。與此同時，兩手掌收至
胸前，隨弓步，左臂弧形向上翻起至頭上，掌心向外；右

圖2－107　　　　　　　圖2－108

手向前按出，掌心向外（圖2－107）。

第六十六式　玉女穿梭四

　　玉女穿梭四與玉女穿梭二的動作相同，唯方向不同。前式是由西南向右轉向東南，該式是由東北向右轉向西北（圖2－108）。

第六十七式　攬雀尾

　　由前式，腰左轉，右腳尖內扣，左腿回收至右腳前。左手掌向後收至右肋旁，掌心向上；右手掌向下收至右胸前，掌心向下，兩手掌相對成抱球狀。以下動作與前第三式動作2相同。

第六十八式 掤攦擠按

動作與第四式「掤攦擠按」相同。

第六十九式 單 鞭

動作與第五式「單鞭」相同。

第七十式 雲 手

動作與第三十八式「雲手」相同。

第七十一式 單 鞭

動作與第三十九式「單鞭」相同。

第七十二式 下 勢

由單鞭式，右腳尖外撇，重心後移，右腿屈膝下蹲，左腿伸直。右臂仍照前式不動，左手掌緣向下，由前往後，自上至下弧形撤至腹前，再向下往前伸出（圖2－109）。

圖2－109

【要 領】

下勢的上體不可前傾，特別是右腿膝蓋要和腳尖在同

一方向，不可向內跪膝，否則會損傷膝關節。

第七十三式　左金雞獨立

由前式，重心前移，身體向前，左腳尖外撇，左腿隨腰胯挺起；同時右腿向前屈膝提起，膝與肋同高，腳尖下垂。右手掌由後隨右腿向前，隨身體挺起向上舉起，手指朝上，右肘與右膝上下相齊；左手掌收至左胯旁，掌心朝下。接著右腳尖向前平直踢出，復收回原位。眼神前視（圖2－110）。

第七十四式　右金雞獨立

由前式，右腳向後半步落地，屈膝下蹲。右手掌同時落下，收至右胯旁，指尖前伸，掌心朝下。重心移向右腿，右腿隨腰胯挺起；同時，左腿向前屈膝提起，腳尖下垂。左手掌由下隨左腿向上舉起，指尖朝上，左肘與左膝上下相齊。隨即左腳向前平直踢出，複收回原位（圖2－111）。

第七十五式　左右倒攆猴

動作與第二十三式「左右倒攆猴」相同，唯前式從「肘底看捶」開始，該式從「右金雞獨立」開始，起始過渡稍有差別。

第七十六式　斜飛勢

動作與第二十四式「斜飛勢」相同。

第七十七式　提手上勢

動作與第二十五式「提手上勢」相同。

第七十八式　白鶴亮翅

動作與第七式「白鶴亮翅」相同。

第七十九式　左摟膝拗步

動作與第八式「左摟膝拗步」相同。

第八十式　海底針

由前式，右腿向前跟半步，重心後移，左腳向前微伸，腳尖點地成左虛步，然後躬身折腰下沉。與此同時，右手掌心向左，左手附於右肘內側，兩手先隨身後移，再隨躬身折腰，右手向前下插擊，左手落至左膝旁。眼神前視（圖 2－112）。

圖2－110　　　　圖2－111　　　　圖2－112

第八十一式　扇通背

動作與第三十式「扇通背」相同。

第八十二式　翻身白蛇吐信

「翻身白蛇吐信」的動作與第三十一式「翻身撇身捶」基本相同，只是右拳翻轉向西，收至右腰旁之後，由拳變掌，指尖向前，掌心向上，隨腰胯向前伸出，猶如蛇信吐出；同時重心前移成右弓步（圖2－113）。

圖2－113

第八十三式　退步搬攔捶

1. 由前式，腰微左轉，重心後移，右腿收至左腳前側，腳尖著地。同時，右手掌變拳，隨腰胯向後搬至左胸前，拳心向裡，左手落於左胯旁（圖2－114）。

2. 腰微右轉，右腿後退一步，重心後移成左虛步。右拳隨腰胯右轉向下攔至右腰旁，左手掌從左胯旁提起，向前推出，掌心向外（圖2－115）。

3. 左腿回收，復向左前方邁出一步，腰微左轉，重心前移成左弓步。右拳隨腰胯左轉用螺旋勁向前擊出，拳心向左，拳眼向上，左手掌回收置於右肘內側（圖2－116）。

第八十四式　掤攦擠按

動作與第四式「掤攦擠按」相同。

第八十五式　單　鞭

動作與第五式「單鞭」相同。

第八十六式　雲　手

動作與第三十八式「雲手」相同。

第八十七式　單　鞭

動作與第三十九式「單鞭」相同。

第八十八式　高探馬帶穿掌

1. 動作與第四十式「高探馬」相同（圖2－117）。

圖2－114　　　圖2－115　　　　圖2－116　　　圖2－117

2. 左腿向左前邁出一步，重心前移成左弓步。左手掌
心向上，指尖向前，從右手臂腕背上部向前伸出；右手掌
回收至左肘下，指尖向左（圖2－118）。

第八十九式　轉身十字腿

由前式，腰右轉向西，左腳尖內扣，同時將右腿屈膝
提起。左手掌收至胸前。接著腰胯挺起，右腿腳面向前上
踢起。左手掌向右前迎擊右腳面（圖2－119）。

第九十式　進步指襠捶

1. 右腳向前落地，腰微右轉，重心前移，左腳收至右
腳前側。右手掌變拳向下收至右腰旁，拳心向上；左手掌
隨腰胯向右收至右胸前，掌心向裡（圖2－120）。

2. 左腿向左前方邁出一步，腰微左轉，重心前移成
左弓步，身略前俯。與此同時，左手掌隨腰胯向下弧形

圖2－118　　　　　圖2－119　　　　圖2－120

摟過左膝蓋，置於左腿旁；右
拳內旋，拳眼向上，向前斜
擊。眼神前視（圖2－121）。

第九十一式　掤攦擠按

　　由前式，右腳前收，左腿
隨腰胯挺起。左手掌向上翻起
至左肋旁，掌心向下；右拳變
掌向下收至左肋旁，掌心向
上，與左手掌心相對，成抱球
狀。以下動作與第四式「掤攦擠按」相同。

圖2－121

第九十二式　單　鞭

動作與第五式「單鞭」相同。

第九十三式　下　勢

動作與第七十二式「下勢」相同。

第九十四式　上步七星

　　由前式，左腳尖外撇，重心前移，右腳向前伸出，腳
尖著地成右虛步。左手掌變拳，收至胸前，拳心向裡；右
鉤手變拳，從後向下向上向前，置於左腕前下，拳心向
裡。眼神前視（圖2－122）。

圖2－122　　　　　圖2－123　　　　　圖2－124

第九十五式　退步跨虎

由前式，右腿向右後退一步，重心後移成左虛步。兩拳變掌，同時上下分開，類似白鶴亮翅定式，只是右手心向外（圖2－123）。

第九十六式　轉身擺蓮

1. 由前式，右手掌向下收至胸前，左手掌向上提至胸前。同時腰右轉，面向西南，左腳尖內扣，右腳跟內扣，重心左移，兩手掌隨身右移並稍向上提起，掌心向外（圖2－124）。

2. 重心移向右腿，左腿提起，以右腳掌為軸，左腿和兩手掌隨腰胯向右轉向東北，左腿落下。雙手隨身向右甩至身右側。然後重心移向左腿。兩手掌向右弧形運動。右

圖2－125　　　圖2－126　　　　圖2－127

腳提起向左向上向右擺踢，以右腳面拍擊兩手掌（圖2－
125）。

第九十七式　彎弓射虎

　　由前式，雙手拍腳後順勢運至面部左側，左手掌心向
下，右手掌心向上。腰右轉，右腳落下，再向東南方向落
地踏實，重心前移成右弓步。兩手隨腰胯右轉變拳，左拳
轉至胸前，右拳轉至右耳旁，兩拳同時向左前伸出，左臂
微屈，右臂成弧形，拳心向外。眼視左前方（圖2－126）。

第九十八式　進步搬攔捶

　　由前式，重心左移，右腿收至左腳前側。右拳隨腰胯
左轉，向裡搬至左胸前，拳心向裡，左手收至右拳左側。
以下動作與第十五式動作2、3相同（圖2－127）。

第九十九式　如封似閉

動作與第十六式「如封似閉」相同。

第一○○式　合太極

1. 由前式，腰右轉向正南，左腳尖內扣，右腳收至左腳內側，兩腳與肩同寬。兩手掌隨腰胯右轉，沉肘下按至兩胯旁，掌心向下（圖2－128）。

2. 右腿向右橫跨一步。兩手從兩胯旁平行分開，掌心向上，臂伸直上舉至頭上，兩掌心相對。然後身體下蹲成馬步。兩掌心向裡向下經面前交叉，隨馬步下沉至丹田處，掌心向上，右掌在上（圖2－129）。

3. 兩腿隨腰胯挺起，右腳收至左腳內側，兩腳與肩同寬。雙手向左右平行分開上舉至頭頂，掌心相對（圖2－130）。

4. 兩掌變掌心向下，經面前向下按至兩胯旁，恢復預備姿勢。斂氣凝神，停立片刻（圖2－131）。

圖2－128　　　圖2－129　　　圖2－130　　　圖2－131

第三章

楊班侯快架太極拳

一、楊班侯快架太極拳動作名稱

1. 預備式
2. 起　勢
3. 左攬雀尾
4. 右攬雀尾
5. 掤擠掤按
6. 單　鞭
7. 提手上勢
8. 白鶴亮翅
9. 左摟膝拗步
10. 手揮琵琶
11. 左摟膝拗步
12. 右摟膝拗步
13. 左摟膝拗步
14. 手揮琵琶

15. 左摟膝拗步
16. 進步搬攔捶
17. 如封似閉
18. 十字手
19. 左攬雀尾
20. 右攬雀尾
21. 掤擠掤按
22. 單　鞭
23. 古樹盤根
24. 肘底捶
25. 左倒攆猴
26. 左開合
27. 右開合
28. 右倒攆猴

29. 右開合
30. 左開合
31. 斜飛勢
32. 提手上勢
33. 白鶴亮翅
34. 左摟膝拗步
35. 童子抱球
36. 海底針
37. 扇通背
38. 翻身撇身捶
39. 四隅捶一
40. 四隅捶二
41. 四隅捶三
42. 四隅捶四
43. 擟擠擟按
44. 單　鞭
45. 雲　手
46. 右開合
47. 單　鞭
48. 高探馬
49. 右分腳
50. 左分腳
51. 轉身左蹬腿
52. 箭步栽捶
53. 翻身撇身捶

54. 二起腳
55. 左打虎式
56. 右打虎式
57. 右踢腳
58. 右雙風貫耳
59. 左雙風貫耳
60. 轉身右開合
61. 左開合
62. 轉身連環蹬腳
63. 箭步搬攔捶
64. 如封似閉
65. 十字手
66. 左攬雀尾
67. 右攬雀尾
68. 擟擠擟按
69. 斜單鞭
70. 右野馬分鬃
71. 左野馬分鬃
72. 右攬雀尾
73. 擟擠擟按
74. 單　鞭
75. 玉女穿梭一
76. 玉女穿梭二
77. 玉女穿梭三
78. 玉女穿梭四

79. 左攬雀尾
80. 右攬雀尾
81. 攦擠攦按
82. 單　鞭
83. 雲　手
84. 右開合
85. 單　鞭
86. 下　勢
87. 左金雞獨立
88. 右金雞獨立
89. 左倒攆猴
90. 右倒攆猴
91. 斜飛勢
92. 提手上勢
93. 白鶴亮翅
94. 左摟膝拗步
95. 海底針
96. 扇通背
97. 轉身白蛇吐信
98. 退步搬攔捶

99. 右攬雀尾
100. 攦擠攦按
101. 單　鞭
102. 雲　手
103. 單　鞭
104. 高探馬帶穿掌
105. 轉身十字腿
106. 進步指襠捶
107. 右攬雀尾
108. 攦擠攦按
109. 單　鞭
110. 下　勢
111. 上步七星
112. 右跨虎式
113. 左跨虎式
114. 轉身擺蓮
115. 彎弓射虎
116. 進步搬攔捶
117. 如封似閉
118. 合太極

二、楊班侯快架太極拳動作圖解

　　楊班侯快架太極拳，除了過渡動作較快之外，很多動作要帶發勁，需要用周身的、整體的內勁，表現出較強的

爆發力。其要領，即拳經所謂「其根在腳，發於腿，主宰於腰，形於手指」。以下動作說明除個別指明要發勁之外，凡有「按擊」、「抄擊」、「擊出」等字樣者，均為發勁動作，不再重複。

第一式　預備式

姿勢與中架「預備式」相同（圖3-1）。

第二式　起　勢

動作與中架「起勢」相同（圖3-2、圖3-3）。

第三式　左攬雀尾

1. 左腿向左前邁出半步，重心前移。同時，兩手掌自兩胯旁向左前平舉送出，與肩同高，左手在前，右手在後，右手指與左手腕相齊，兩臂微屈，掌心向下，五指自然舒展。眼向前平視（圖3-4）。

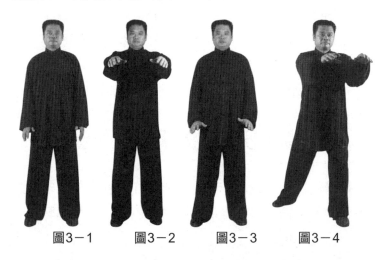

圖3-1　　　　圖3-2　　　　圖3-3　　　　圖3-4

圖3－5　　　　　圖3－6　　　　　圖3－7

2. 腰微右轉，重心移向右腿，左腳收回腳尖點地。兩手掌向上向後弧形收至右肋旁，左手掌外旋，掌心向上，與右手掌呈抱球狀。眼神平視（圖3－5）。

3. 腰左轉，左腿仆步向東南方向邁出一步，重心前移成左弓步，右腳掌五趾和腳跟著地，不可掀起。與此同時，兩手掌向下經右足前至左足尖，弧形向上抄擊至左前方。左手在前右手在後，右手五指與左手掌根齊，兩手掌心前後相對，兩手掌間距一拳半，手指與喉同高，兩手指尖斜向上，兩臂微屈呈弧形。此動的雙手要帶發勁，將周身內力貫於兩手掌和手指（圖3－6、圖3－7）。

第四式　右攬雀尾

1. 由前式，左腳尖內扣，腰胯右轉，重心移向右腿。兩手掌向上翻起至頭上（圖3－8）。

圖3-8

圖3-9　　　　　　　　圖3-10

2. 腰再右轉，雙手向右伸出，然後將重心移向左腿，雙手同時向下向左後攔回（圖3-9、圖3-10）。

3. 右腿收至左腳前側，腳尖點地。左手掌翻起至右胸前，掌心向下；右掌向下收至左肋旁，掌心向上，與左手掌呈抱球狀（圖3-11）。

4. 腰右轉，右腿仆步向西北方向邁出一步，重心前移成右弓步，左腳全掌著地，不可掀起。與此同時，兩手掌向下經左足前至右足尖，弧形向上抄擊至右前方。右手在前左手在後，左手指與右手掌根齊，兩手掌心前後相對，間距一拳半，兩臂微屈呈弧形。雙手向前要帶發勁，力貫

圖3－11 圖3－12 圖3－13

兩手掌和手指（圖3－12）。

第五式 攦擠攦按

1. 攦 式

左腿向前收至右腳後側，腳尖著地。右臂內旋，掌心翻朝下（圖3－13）。左腿再向後仆步伸回原位，重心移向左腿，腰微左轉。雙手隨重心後移向下往後攦踩，左手掌攦至左肋旁，右肘收至右肋旁。右腳全掌著地（圖3－14）。

圖3－14

圖3-15　　圖3-16　　　　　　　圖3-17

2. 擠　式

右腿收至左腳前側，腳尖點地。同時，右手向下抄至左肋前，掌心向上；左手臂內旋，掌心向下，與右手呈抱球狀（圖3-15）。

然後再將右腳仆步向右前方邁回原位，腰微右轉，重心移向右腿。同時，左手貼於右腕內側，向下隨腰胯弧形向右前上擠出，右手略高於胸，兩臂呈弧形（圖3-16、圖3-17）。

3. 攦　式

雙手向前變攦式，其餘動作與動作1相同（圖3-18、圖3-19）。

4. 按　式

腰右轉向正南，右腳收至左腳內側，腳尖向前，與肩同寬。兩手掌收至兩胯旁，掌心向下（圖3-20），兩手掌於兩胯旁外旋變掌心向上，向左右平行分開上舉至頭

圖3-18　　　　圖3-19　　　　圖3-20

圖3-21

上，兩手掌掌心相對，指尖向上，與肩同寬，變掌心向下。然後兩腿屈膝下蹲，兩手掌向下經面前胸前用沉勁按至兩胯前。隨即兩腳掌蹬地，兩腿伸直向上縱起，兩手掌垂於兩胯旁。練時向上縱起越高越好（圖3-21）。據傳此式是楊班侯在北京打擂時用過的招式，亦名「牆上掛畫」。

第六式　單鞭

1. 由前式，隨兩腳掌著地，右腳隨腰胯屈膝下蹲，左腳屈膝提起，腳尖點地與肩同寬。左手向上弧形抄至右肋前，掌心向裡，右手同時右移（圖3-22）。

2. 右腳尖內扣，腰左轉向東，左腳提起隨腰左轉（圖

圖3－22　　　　圖3－23　　　　　圖3－24

3－23），左腿仆步向左前方邁出一步，腳尖向東北，重心移向左腿。隨上步弓膝，左手掌向下外旋，向前向上經左腳尖前弧形抄擊，掌心向右，指尖與喉同高；右手掌心向內，虎口向下斜垂於右側。此動要帶發勁，將周身內勁貫於左手掌和指尖（圖3－24）。

第七式　提手上勢

　　由前式，腰右轉向正南，左腳尖內扣，右腳收至左腳前側，腳跟點地成右虛步。同時，將兩手互相往裡提合，用沉勁向下按壓，兩手掌左右斜對，右手在前，左手在右肘內側，指尖朝前上，兩肩鬆開，不可夾緊（圖3－25）。

圖3－25

第八式 白鶴亮翅

1. 由前式，腰左轉，右腿收至左腳前側，腳尖著地。右手向左下沉，抄至左肘下，掌心向下；左手向右置於右肘上面，掌心向下（圖3－26）。

2. 右腳向後橫跨一步，向右閃開，重心移向右腿，左腿收至右腳前半步，腳尖點地，成左虛步，腰微左轉，面向正東方。同時，兩掌用開勁上下分開，右掌上翻至頭右上，掌心向外；左掌向下沉至左胯旁，掌心向下（圖3－27）。

第九式 左摟膝拗步

1. 由前式，腰胯左轉。右手同時隨腰胯向左往下弧形摟至丹田處，掌心向上；左手掌外旋，向外向上舉至頭前上方，掌心向右（圖3－28）。

圖3－26　　　　圖3－27　　　　圖3－28

2. 腰微右轉，左腿收至右腳前側，隨即仆步向左前方邁出一步；腰再微左轉，重心移向左腿。同時，左手掌向右向下向左經左膝前摟至左胯旁；右掌提至胸前，臂內旋使掌心向外，指尖向上，向前按擊（圖3－29）。

第十式　手揮琵琶

由前式，右腳向前上半步，重心後移，左腿再向左前伸出落步，腳尖點地。同時，右手掌往後往左收合至胸前，左手同時向上向前上收合，兩手掌心參差相對，如抱琵琶狀，左手在前，右手在後，隨腰胯用鬆沉勁向下沉壓（圖3－30）。

第十一式　左摟膝拗步

1. 由前式，腰微右轉，左腿收至右腳前側，腳尖點地。右掌外旋，向下沉至丹田處，掌心向上，左手掌向右經面前轉至右肩前（圖3－31）。

圖3－29　　　　　圖3－30　　　　　圖3－31

2. 左腿仆步向左前方邁出一步，腰左轉，重心前移成左弓步，面向正東。同時，左手掌向下隨腰胯左轉經左膝前摟至左胯旁，右手掌向上提至胸前，變掌心向外，指尖向上，隨腰胯向前按擊（圖3－32）。

第十二式　右摟膝拗步

腰微左轉，左腳尖外撇，右腿向前收至左腳前側，復向右前方仆步邁出一步，腰微右轉，重心前移成右弓步。與此同時，右手掌向後隨腰胯左轉，收至左耳旁，向下隨腰胯右轉，經右膝前摟至右胯旁，掌心向下；左掌外旋變掌心向上，經丹田提至胸前，然後臂內旋，掌心向外，指尖向上，向前按擊（圖3－33）。

第十三式　左摟膝拗步

動作與第十二式「右摟膝拗步」相同，唯左右相反（圖3－34）。

圖3－32　　　　　　　圖3－33

圖3-34   圖3-35

第十四式　手揮琵琶

動作與第十式「手揮琵琶」相同。

第十五式　左摟膝拗步

動作與第十一式「左摟膝拗步」相同。

第十六式　進步搬攔捶

1. 腰左轉，右腿向前收至左腳前側，腳尖著地。同時，右手變拳，隨腰胯左轉向後搬至左胸前，拳心向裡，左手收至左胯旁（圖3-35）。

2. 腰右轉，右腿向右前橫跨一步，重心前移。右拳隨腰胯右轉向下攔至右胯前，拳心向下；左手掌從左胯旁提起，前推至胸前（圖3-36）。

圖3-36 圖3-37

3. 左腳仆步向左前方邁出一步，腰微左轉，重心移向左腿，面向正東方。右拳隨腰胯左轉，用螺旋勁向前擊出，臂微屈，拳眼向上，拳面向前，與胸同高；左手掌置於右肘內側，手指朝上。眼神前視。此動要發勁，將周身內勁貫於掌上，爆發力要強（圖3-37）。

第十七式 如封似閉

1. 重心後移，左腳收至右腳前側，腳尖著地。右拳變掌外旋，掌心向上，並微左移；左手掌移至右肘下，掌心朝下，向外微伸，隨伸臂外旋，掌心翻朝上，使兩臂交叉，右臂在裡，左臂在外。

然後雙手隨身向後收至胸前，隨收隨將兩手左右分開，掌心向上（圖3-38）。

圖3－38　　　　　圖3－39　　　　　圖3－40

2. 左腳仆步向左前方邁回原位，重心移向左腿。兩臂同時內旋，掌心向外，指尖向上，將周身內勁貫於兩手掌和指尖，隨腰胯向前按擊（圖3－39）。

第十八式　十字手

1. 腰右轉，面向正南，左腳尖內扣，右腳收至左腳內側，復向右橫跨半步成馬步。兩臂外旋收至胸前，交叉成十字手，右手在外，掌心向裡。

腰胯下沉，兩手掌隨身沉置與兩膝同高，變掌心向上（圖3－40、圖3－41）。

2. 兩腿隨腰胯挺起，右腳收至左腳內側，與肩同寬。雙手向左右平行分開上舉至頭頂，兩手掌心相對，然後掌心向下，經面前向下按至兩胯旁，掌心向下（圖3－42、圖3－43）。

圖3-41　　　　　圖3-42　　　　　圖3-43

第十九式　左攬雀尾

動作與第三式「左攬雀尾」相同。

第二十式　右攬雀尾

動作與第四式「右攬雀尾」相同。

第二十一式　擺擠擺按

動作與第五式「擺擠擺按」相同。

第二十二式　單　鞭

動作與第六式「單鞭」相同。

第二十三式　古樹盤根

1. 腰右轉，雙手收至胸前，掌心向外（圖3－44）。

2. 以左腳掌為軸，右腿伸直，隨腰胯和兩手向左橫掃一圈，右腳落至左腳東南方向，重心移向右腿，左腿伸直（圖3－45）。

3. 腰微左轉，兩手掌隨腰胯左轉至左側。然後以右腳掌為軸，左腿隨腰胯和兩手向右橫掃一圈，左腳落至右腳東北方向，重心前移。右手變拳落至右胯旁（圖3－46）。

第二十四式　肘底捶

1. 右腳向前右邁出一步，重心前移。右拳隨右腿邁出，從下向上弧形抄擊，右拳與喉同高，拳面向上，拳心向裡，左手掌收至左肋旁（圖3－47）。

圖3－44　　　　　　　　圖3－45

圖3－46　　　　圖3－47　　　　圖3－48

2. 左腿向左前方伸出半步，腳尖著地成左虛步。左手向前向上弧形伸出，掌心向右，手指朝上；右拳回收至左肘下，拳眼朝上（圖3－48）。

第二十五式　左倒攆猴

由前式，左腿收回向左後仆步後退一步，重心移向左腿；右腿伸開，全腳掌著地。右拳變掌，掌心向上提至胸前，然後臂內旋，掌心向外，指尖向上，隨重心後移而向前按擊；左手掌前伸，掌外旋，變拳心向上，隨勢往後沉採收至左胯旁，掌心向上（圖3－49）。

圖3－49

第二十六式　左開合

1. 腰左轉向西北方，右腳尖內扣，重心移向右腿。雙手收至胸前，掌心向外。然後將左腿回收半步，腳尖點地。雙臂外旋使掌心向上（圖3－50）。

2. 左腿提起仆步向左前邁出一步，重心移向左腿。兩手掌內旋外翻豎腕，掌心向外，隨弓膝向前按擊（圖3－51）。

第二十七式　右開合

1. 腰右轉向東，左腳尖內扣。兩手掌收至左胸前，掌心向外（圖3－52）。

2. 腰繼續右轉向東南，右腿隨勢回收半步，腳尖點地。雙手外旋沉肘豎腕，使掌心向上（圖3－53）。

圖3－50　　　　　圖3－51　　　　　圖3－52

圖3-53　　圖3-54　　　　　　圖3-55

3. 右腿提起仆步向右前方邁出一步，重心移向右腿。兩手隨弓膝向前按擊，同時臂內旋，使掌心向前（圖3-54）。

第二十八式　右倒攆猴

由前式，重心移向左腿。左臂外旋，隨重心後移收至丹田處，掌心向上；右手隨勢前伸外旋，掌心向上。然後將右腿收回向右後仆步後退一步，重心移向右腿。左手掌上提至胸前，臂內旋，隨重心後移向前按擊，拳心向前，指尖向上；右手掌隨勢往後沉採，收至右胯旁，掌心向上（圖3-55）。

第二十九式　右開合

1. 腰右轉向西南方，左腳尖內扣，重心移向左腿。

雙手收至胸前，掌心向外（圖3－
56）。

2. 右腿回收半步，腳尖點地。
雙臂外旋使掌心向上（圖3－57）。

3. 右腿提起仆步向前邁出一
步，重心移向右腿。兩手掌內旋外
翻豎腕，掌心向外，隨弓膝向前按
擊（圖3－58）。

圖3－56

圖3－57

圖3－58

圖3－59

第三十式　左開合

1. 腰左轉向東北，右腳尖內扣。兩手掌收至左胸前，
掌心向外。右腿隨勢回收半步，腳尖點地。雙手外旋沉肘
豎腕，使掌心向上（圖3－59）。

2. 左腿提起仆步向左前方邁出一步，重心移向左腿。兩手隨弓膝向前按擊，同時臂內旋，使掌心向前（圖3－60）。

第三十一式　斜飛勢

1. 腰右轉向西南，左腳尖內扣，右腿收至左腳前側，腳尖著地。同時，右手掌向下收至左肋下，掌心向上；左掌收至左胸前，掌心斜向下，兩手如抱球狀（圖3－61）。

2. 右腿仆步向右前方邁出一步，重心移向右腿。右手向下經右腳尖前弧形向前往上抄擊，指尖向上，掌心向左，指尖與喉同高；左手往後向下沉採至左胯旁，掌心朝下（圖3－62）。

圖3－60　　　　　　圖3－61　　　　　　圖3－62

第三十二式　提手上勢

由前式，腰左轉向正南，左
腳向前跟半步，重心移向左腿；
右腳收至左腳前側，腳跟點地。
同時，將兩手互相往裡提合，用
沉勁向下按壓，兩手掌左右斜
對，右手在前，左手在右肘內
側，指尖朝前上（圖3－63）。

圖3－63

第三十三式　白鶴亮翅

動作與第八式「白鶴亮翅」相同。

第三十四式　左摟膝拗步

動作與第九式「左摟膝拗步」相同。

第三十五式　童子抱球

1. 腰右轉向西南，左腳尖內扣，右腿回收半步，腳尖
著地。右手掌回收，兩手掌隨轉腰同時弧形上舉翻起至頭
上，左手掌在上，右手掌在下，掌心相對，成抱球狀（圖
3－64）。

2. 右腳向右前仆步邁出一步，重心移向右腿。兩手掌
隨弓膝向前伸出，右手掌心向上，指尖向前；左手置於右
肘內側，掌心向下（圖3－65）。

圖3-64　　　　　　　　　圖3-65

第三十六式　海底針

腰左轉向東，右腳尖內扣。兩手隨轉腰向上翻起掄轉至正東。然後將左腳收回半步，腳尖點地成左虛步，躬身折腰下沉。右手掌心向左，指尖下垂，向前向下插；左手附於右肘內側，掌心向下。眼神前視（圖3-66）。

第三十七式　扇通背

兩手掌隨腰胯挺起。左腿仆步向左前方邁出一步，重心移向左腿。右手掌由下向上往外翻起至右額旁，掌心向外，掌緣朝上；左手掌上提至胸前，掌心向上，內旋豎腕成掌心向外，指尖向上，隨弓膝向

圖3-66

圖3－67　　　　　　　圖3－68

前按擊（圖3－67）。

第三十八式　翻身撇身捶

　　腰右轉向西南，左腳尖內扣。右手掌向下收至左肋下
變拳，拳背向上；同時，左手掌向上翻起至額前，掌心向
外。然後雙手隨腰胯再右轉至正西方。右腿收回復向右前
伸出半步，腳跟著地。右拳向上經胸前向外翻轉，往上向
前撇下，拳心向上；左手掌落下向前置於右肘內側上面
（圖3－68）。

第三十九式　四隅捶一

　　1. 重心前移至右腿，左腿收至右腳內側，再伸向西南
方向落步，隨上步隨將腰身右轉向北，重心移向左腿，右
腿收至左腳前側，腳尖著地。右拳向內收至丹田處，左手

收至胸前，掌心向下，與右拳成
抱球狀（圖3-69）。

2. 右腳向右前方（東北）仆
步邁出一步，重心移向右腿。左
掌向前往下弧形摟至左胯旁，掌
心向下；右拳從丹田處向下經右
腳尖前弧形往前向上擊出，拳心
向裡，拳面向上（圖3-70）。

第四十式　四隅捶二

圖3-69

由上式，腰左轉向西南，右腳尖內扣，左腿收於右腳
前側，腳尖著地，復向原地仆步邁出，重心移向左腿。
左手掌上舉至胸前，往前向下弧形摟至左胯旁；右拳向
上翻起至頭上，隨腰胯向前往下栽擊，拳心向內（圖3-
71）。

圖3-70

圖3-71

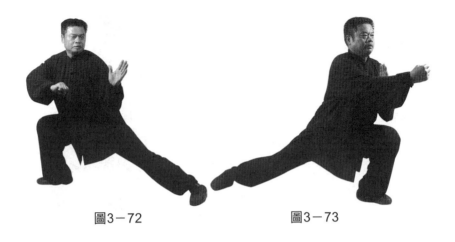

圖3-72   圖3-73

第四十一式　　四隅捶三

1. 腰身稍起，向左轉身，右腿收回向右前方（西北）邁出一步，腰繼續左轉向東南，重心坐回右腿，左腳收至右腳前側，腳尖著地，復向左前方仆步邁出一步。右拳收至右腰旁，拳心向下；左手掌外旋向上翻起至左胸前，掌心向右，坐腕，指尖向上（圖3-72）。

2. 重心移向左腿。右拳外旋，隨弓膝用螺旋勁向前擊出，拳眼向上，拳面向前，臂微屈，左掌置於右肘內側（圖3-73）。

第四十二式　　四隅捶四

1. 由前式，腰右轉向西，左腳尖內扣，右腿收回，向右後仆步邁出一步，重心移向右腿。右拳隨轉腰向外向下收至右腰旁，拳心向下；左掌隨轉身收至左胸前，指尖向

圖3－74　　　　　　　　　圖3－75

上，再將掌緣向前撲出（圖3－74）。

2. 重心移向左腿，腰繼續右轉向西北方，右腿向右前（西北）仆步邁出一步，重心移向右腿。隨弓膝，右拳外旋用螺旋勁向前擊出，左手掌置於右肘內側（圖3－75）。

第四十三式　攬擠攬按

右拳變掌，其他動作與第五式「攬擠攬按」相同。

第四十四式　單　鞭

動作與第六式「單鞭」相同。

第四十五式 雲 手

1. 右雲手

由單鞭式，腰右轉，左腳尖內扣，身漸起，右腳收至左腳前側，腳尖點地。兩手掌向下收至兩胯旁，再雲至身體左側（圖3－76）。腰微左轉再向右轉，左手向左向上弧形雲至頭頂左側，掌心向右，右手雲至左胸前（圖3－77）。然後腰右轉向西，兩手繼續向右運行，左手雲至頭頂，掌心斜向右；右手前伸，掌心向上（圖3－78）。

2. 左雲手

右腳收至左腳內側，重心移向右腿。兩手下落，腰微右轉，雙手雲至身體右側（圖3－79）。腰再向左轉，右手向上向右弧形雲至頭頂右側，掌心向左，左手雲至右胸前（圖3－80）。然後腰左轉向東，左腳稍前移，腳尖著地。兩手繼續向左雲，右手雲至頭頂，掌心斜向左，左手

圖3－76　　　圖3－77　　　圖3－78　　　圖3－79

圖3-80　　　　圖3-81　　　　圖3-82　　　　圖3-83

前伸，掌心向上（圖3-81）。

　3. 右雲手

　與動作2「左雲手」相同，唯左右相反。

　4. 左雲手

　與動作2「左雲手」相同。

第四十六式　右開合

　1. 腰右轉向西南，左腳尖內扣，重心移向左腿。兩手向下收至左胸前，掌心向外，右肘和兩手掌隨腰胯右轉甩至西南方，此動亦稱「右甩肘」（圖3-82）。

　2. 右腿移至西南方，腳尖著地。雙手外旋收至胸前，掌心向上（圖3-83）。

　3. 右腿仆步向右前方邁出一步，重心移向右腿。兩手掌內旋外翻豎腕，掌心向外，隨弓膝將丹田氣貫於兩手掌

圖3-84　　　　圖3-85　　　　圖3-86

和指尖，用周身整勁向前按擊（圖3-84）。

第四十七式　單　鞭

由前式，腰左轉，右腳尖內扣，左腳收至右腳前側，腳尖著地。左手掌外旋向下收至右肋前，掌心向上，右手落至右胯旁。以下動作與第六式「單鞭」動作2相同（圖3-85）。

第四十八式　高探馬

右腳提起往前跟半步。左手掌向下鬆沉，掌外旋成掌心向上。重心移向右腿，左腿向後仆步退一步，重心移向左腿。左手掌隨重心後移收至左胸前，右手向前收至右胸前，再向前上擊出，掌心向前下，掌緣向外，與喉同高（圖3-86）。

第四十九式　右分腳

1. 重心移向右腿，左腳提起向左前邁出半步，腰右轉，重心移向左腿。左右兩手掌隨腰胯右轉，往前向右繞轉前伸，成右攞式（圖3-87）。

2. 雙手向左往後攞回。同時，右腳收至左腳前側，腳尖著地，周身略蹲。兩手掌收至胸前，抱成十字手勢，掌心向內，右手在外（圖3-88）。

3. 身漸起，右腿隨腰胯提起，腳尖向下，向右前平直踢出，要帶發勁。同時，兩手掌向外翻轉，向左右平行分開。眼向右前平視（圖3-89）。

圖3-87

圖3-88

圖3-89

第五十式　左分腳

1. 右腳向右前側落下，重心移向右腿。左右兩手往前向左繞轉前伸，成左擺式（圖3－90）。

2. 雙手向右往後擺回。同時，左腳收至右腳前側，腳尖著地，周身略蹲。兩手掌收至胸前，抱成十字手勢，掌心向內，左手在外（圖3－91）。

3. 身漸起，左腿隨腰胯提起，腳尖向下，向左前平直踢出，要帶發勁。同時，兩手掌向外翻轉，向左右平行分開。眼向左前平視（圖3－92）。

第五十一式　轉身左蹬腿

由前式，左腿收回屈膝提起，腳尖下垂，腰左轉向後

圖3－90　　　　　圖3－91　　　　　圖3－92

（正西），右腳尖內扣，身軀略蹲。兩手掌同時合抱收至胸前成十字手，左手在外，掌心向內。然後身軀挺起，左腳跟向前平直蹬出，要帶發勁。左右兩手同時往外翻轉，掌心向外，向左右平行分開。眼視前方（圖3－93）。

第五十二式　箭步栽捶

1. 左腳向前落地，重心移向左腿，右腳隨身屈膝提起。左手掌向右向上向下經面前弧形運行至胸前，右手收至右胯旁變拳（圖3－94）。

2. 左腳掌蹬地向前上跳起，右腿隨即前跳一步站穩，左腿隨右腳落地立即屈膝提起。左手稍向右移（圖3－95）。

圖3－93

圖3－94

圖3－95

3. 左腳向前仆步邁出一步，重心移向左腿，身軀前傾。左手向下弧形摟過左膝置於左膝旁，掌心向下；右拳向後上翻起至頭上，拳心向內，用周身整勁向前往下栽擊（圖3－96）。

第五十三式　翻身撇身捶

腰右轉向東北，左腳尖內扣。右拳向上收至左肋下，拳背向上；左手向上翻起至額前，掌心向外，然後雙手隨腰胯再右轉至正東。右腿收回復向右前伸出半步，腳跟著地。右拳向上經胸前向外翻轉，往上向前撇下，拳心向上，左手掌落下向前置於右肘內側上面（圖3－97）。

第五十四式　二起腳

由前式，重心前移，身軀稍起，左腳隨身向前踢起。

圖3－96　　　　　　　圖3－97

右拳變掌前伸（圖3－98）。然後右腳用力蹬地騰空躍起，繃平腳面向前向上踢出；左腿向下壓擺，以助身體騰空，在右腳踢出的同時，左腳落地。右手隨身向後向上向前迎擊右腳面（圖3－99）。

第五十五式　左打虎式

由前式，右腳落地，與左腳略齊，重心右移，右腿屈膝下蹲；左腳向左後仆步橫邁一步，重心移向左腿。左右兩手同時隨腰胯左轉，向下往左後攞踩至左側，腰微右轉；兩手掌變拳，左拳向後向上翻起至左額角旁，拳心向外，拳眼向下；右拳隨腰胯右轉，置於左肋旁，拳心向裡，拳眼向上，兩拳眼相對（圖3－100）。

圖3－98

圖3－99

圖3－100

第五十六式　右打虎式

腰右轉，右腿收至左腳前側，腳尖著地，復向右前仆步橫跨一步，重心移向右腿，兩拳變掌，隨腰胯向下往後攦至右側，兩手掌變拳。腰微左轉，右拳向後向上翻起至右額角旁，拳心向外，拳眼向下；左拳置於右肋旁，拳心向內，拳眼向上，兩拳眼相對（圖3－101）。

第五十七式　右踢腳

1. 由前式，重心移向左腿，右腿收至左腳前側，身軀下蹲。兩拳變掌，向下向內弧形收至腹前，抱起成十字手，掌心向裡，右手在外（圖3－102）。

2. 左腿隨腰胯挺起，右腿屈膝提起，向右前平直踢出。兩手同時向外翻轉，向左右平行分開，掌心向外。眼視前方（圖3－103）。

圖3－101　　　　　圖3－102　　　　　圖3－103

第五十八式　右雙風貫耳

1. 由前式，腰右轉，右腳小腿收回，腳尖下垂，左腿下沉。左右兩手掌收至胸前，掌心向上（圖3－104）。

2. 右腿仆步向右前邁出一步。雙手變拳，從膝蓋兩側向左右分開，往後收至兩胯旁。重心移向右腿。雙手隨身向前往上弧形合擊，拳眼相對，兩拳距離約兩拳半。眼視前方（圖3－105）。

第五十九式　左雙風貫耳

由前式，左腿前收提膝，再仆步向前正東邁出一步，重心移向左腿。兩拳收至胸前，拳心向上，從左膝兩側向左右分開，往後收至兩胯旁，隨重心前移由後向前往上弧形合擊，拳眼相對，兩拳距離約兩拳半。眼神前視（圖3－106）。

圖3－104　　　　圖3－105　　　　　　圖3－106

第六十式　轉身右開合

由前式，兩拳變掌收至胸前，掌心向上。腰右轉向正西，左腳尖內扣，右腿收至左腳前側，復向右前仆步邁出一步，重心移向右腿。

兩掌同時內旋外翻豎腕，掌心向外，隨弓膝向右前按擊。眼神前視（圖3－107）。

第六十一式　左開合

左腿收至右腳前側，復向左前方仆步邁出一步，重心移向左腿。

兩手收至胸前，掌心向上，然後內旋外翻豎腕，掌心向外，隨弓膝向前按擊（圖3－108）。

圖3－107

圖3－108

第六十二式 轉身連環蹬腳

1. 腰右轉向後（正東），左腳尖內扣，右腿收至左腳前側，腳尖著地，身軀下沉。兩手收至胸前，抱合成十字手。然後左腿隨腰胯挺起，右腿屈膝提起，以右腳跟向前平直蹬出。兩手掌同時向左右平行分開，掌心向外（圖3－109）。

2. 右腳落至左腳前側，重心移向右腿，身軀下沉。左右兩掌收至胸前抱合成十字手。然後右腿挺起，左腿提起，以左腳跟向前平直蹬出。兩手同時向左右平行分開，掌心向外（圖3－110）。

第六十三式 箭步搬攔捶

1. 與第五十三式「箭步栽捶」動作1相同，只是面向東（圖3－111）。

圖3－109　　　　　圖3－110　　　　　圖3－111

2. 與第五十三式「箭步栽捶」動作 2 相同，只是面向東（圖 3－112）。

3. 左腳向左前仆步邁出一步，重心移向左腿。右拳外旋，隨腰胯左轉，用周身整勁和螺旋勁，向前擊出，拳眼向上，拳面向前；左手掌置於右肘內側，掌心向右，手指朝上。眼神前視（圖 3－113）。

第六十四式　如封似閉

動作與第十七式「如封似閉」相同。

第六十五式　十字手

動作與第十八式「十字手」相同。

第六十六式　左攬雀尾

動作與第三式「左攬雀尾」相同。

圖3－112　　　　　　　圖3－113

第六十七式　右攬雀尾

動作與第四式「右攬雀尾」相同。

第六十八式　掤擠攦按

動作與第五式「掤擠攦按」相同。

第六十九式　斜單鞭

動作與第六式「單鞭」相同，只是轉身角度小一些。單鞭是向正東，斜單鞭是向東南（圖3－114）。

第七十式　右野馬分鬃

1. 腰右轉向正西，左腳尖內扣，右腳收至左腳前側，腳尖點地。左手向內收至胸前，掌心向前下；右手向內向下收至丹田處，掌心向上，兩手呈抱球狀（圖3－115）。

圖3－114

圖3－115

2. 右腳仆步向右前方邁出一步，重心移向右腿。兩手同時上下分開，右手向下向前經右腳尖隨腰胯向上弧形抄擊，掌心斜向上，指尖與喉同高；左手同時向左向下採至左胯旁，掌心向下（圖3－116）。

第七十一式　左野馬分鬃

1. 左腿收至右腳前側，腳尖點地。右手掌心翻向下，弧形向內收至胸前；左手外旋向內收至丹田處，掌心向上，兩手呈抱球狀（圖3－117）。

2. 左腳仆步向左前方邁出一步，重心移向左腿。兩手同時上下分開，左手向下向前經左腳尖向上弧形抄擊，掌心斜向上；右手同時向右向下採至右胯旁，掌心向下（圖3－118）。

第七十二式　右攬雀尾

動作與第四式「右攬雀尾」相同。

圖3－116　　　　圖3－117　　　　圖3－118

第七十三式　攦擠攦按

動作與第五式「攦擠攦按」相同。

第七十四式　單　鞭

動作與第六式「單鞭」相同。

第七十五式　玉女穿梭一

1. 由單鞭式，腰右轉向西南，左腳尖內扣，右腿向後收至左腳後側，重心移向右腿。與此同時，左手外旋使掌心向內，收至右胸前；右手向內收至丹田處，掌心向上（圖3－119）。

2. 左腿仆步向左前方（西南）邁出一步，重心移向左腿。左手向下經左腳尖向上弧形翻起至頭上，掌心向外。右手上提至胸前，內旋豎腕，成掌心向外，指尖向上，隨弓膝向前按擊，眼神前視（圖3－120、圖3－121）。

圖3－119　　　　　圖3－120　　　　　圖3－121

第七十六式　玉女穿梭二

1. 腰右轉向東南，左腳尖內扣，右腳收至左腳前側，腳尖著地。左手落下收至丹田處，掌心向上，右手向內收至左胸前，掌心向裡（圖3－122）。

2. 右肘下垂，右腳向右前方（東南）仆步邁出一步，重心移向右腿。右手向下經右腳尖向上弧形翻起至頭上，掌心向外。左手上提至胸前，內旋豎腕，掌心向外，指尖向上，隨弓膝向前按擊（圖3－123、圖3－124）。

第七十七式　玉女穿梭三

1. 腰左轉向東北，右腿向後收至左腳前側，腳尖點地。左手外旋使掌心向內，收至右胸前；右手向內收至丹田處，掌心向上（圖3－125）。

圖3－122　　　　　　圖3－123

2. 左腿仆步向左前方（東北）邁出一步，重心移向左腿。左手向下經左腳尖向上弧形翻起至頭上，掌心向外；右手上提至胸前，內旋豎腕，成掌心向外，指尖向上，隨弓膝向前按擊。眼神前視（圖3－126、圖3－127）。

圖3－124　　　　　　　　圖3－125

圖3－126　　　　　　　　圖3－127

第七十八式　玉女穿梭四

動作與第七十六式「玉女穿梭二」完全相同，只是方向不同，前者是由西南右轉向東南，該式是由東北右轉向西北（圖3－128、圖3－129）。

第七十九式　左攬雀尾

1. 腰左轉向南，右腳尖內扣，左腿收至右腳前側。左手外旋回收至右肋旁，掌心向上；右手向下收至右胸前，掌心向下，兩手成抱球狀（圖3－130）。

2. 與第三式「左攬雀尾」動作3相同。

第八十式　右攬雀尾

動作與第四式「右攬雀尾」相同。

圖3－128　　　　　圖3－129　　　　　圖3－130

第八十一式　攬擠攦按

動作與第五式「攬擠攦按」相同。

第八十二式　單　鞭

動作與第六式「單鞭」相同。

第八十三式　雲　手

1. 右雲手

由單鞭式，腰右轉向南，左腳尖內扣；身軀漸起，右腿收至左腳前側，腳尖點地。雙手收至兩胯旁。然後腰微左轉，左手外旋掌心向外，右手雲至左胯旁，掌心向裡（圖3－131）。

腰微右轉西南，雙手繼續向上向右雲轉，左手背掠左臀部，弧形向上向右翻起至頭上，掌心向下；右手掌心向上，屈肘向上雲至胸前，雙手成抱球狀（圖3－132）。

圖3－131

圖3－132

接著上體彎腰向下，兩腿伸直。兩手隨身向右腳外側下插，兩臂伸直，兩手掌心相對，指尖著地（圖3－133）。

2. 左雲手

上體挺起，將右腳收至左腳內側。雙手提至身右側，左手掌心向裡，右手掌心向外（圖3－134）。

然後腰左轉向東南，重心移向右腿，左腳腳尖點地。隨轉身，右手弧形向上向左雲至頭上，掌心向下；左手掌心向上，屈肘向上雲至胸前，雙手成抱球狀（圖3－135、圖3－136）。

左腿向左前邁半步，腳尖點地，上體彎腰向下，兩腿伸直。兩手隨身向左腳外側下插，兩臂伸直，兩手掌心相對，指尖著地（圖3－137）。

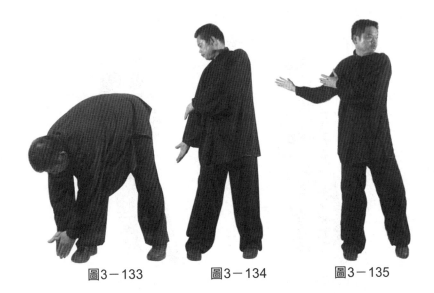

圖3－133　　　圖3－134　　　圖3－135

3. 右雲手

與動作2「左雲手」相同，唯左右相反（圖3－138、
圖3－139）。

4. 左雲手

與動作2「左雲手」相同（圖3－140、圖3－141）。

圖3－136　　　　圖3－137　　　　圖3－138

圖3－139　　　　圖3－140　　　　圖3－141

第八十四式　右開合

兩手掌隨腰胯挺起，其他動作與第四十六式「右開合」相同。

第八十五式　單　鞭

動作與第四十七式「單鞭」相同。

第八十六式　下　勢

由單鞭式，身軀向後下蹲，重心寄於右腿，左腿伸直。右臂仍照原位後移，左手掌緣向下，由前往後自上至下弧形撤至腹前，復向下往前伸出（圖3－142）。

第八十七式　左金雞獨立

由前式，左腳尖外撇，重心前移，左腿直立，右腿同

圖3－142　　　　　　　圖3－143

時向前提膝，腳尖下垂。

　　右手變拳，隨著右腿由下向前向上弧形抄擊，拳心向內，與喉同高；左手收至左胯旁，掌心朝下。

　　然後右腳尖向前平直踢出，復收回原位（圖3－143、圖3－144）。

第八十八式　右金雞獨立

　　由前式，右腳落地，屈膝下蹲。右拳變掌下落收至右胯旁，掌心朝下，指尖前伸。重心右移，右腿挺起，左腿同時向前提膝，腳尖下垂。

　　左手變拳，隨著左腿由下向前向上弧形抄擊，拳心向內，與喉同高。然後左腳尖向前平直踢出，復收回原位（圖3－145、圖3－146）。

圖3－144　　　　　　圖3－145　　　　　　圖3－146

第八十九式　左倒攆猴

1. 由前式，右腿屈膝下沉，左腿仆步向後退一步，重心移向左腿。左拳變掌，下落至腹前，掌心向上。右手提起至胸前，前伸內旋，掌心向下，兩手成左攦式（圖3－147）。

2. 腰微左轉，兩手隨坐腿向下向後攦採至左側。右腿隨勢收回半步，腰胯再右轉至正東，腰胯稍起。右手向上提至胸前，掌心向上，內旋豎腕成掌心向外，指尖向上，向上向前抄擊，左掌收至左胯旁。眼神前視（圖3－148、圖3－149）。

第九十式　右倒攆猴

1. 右腿仆步向後退一步，重心移向右腿。右手外旋，向下收至腹前，掌心向上。左手內旋前伸，變掌心向下，兩手成右攦式（圖3－150）。

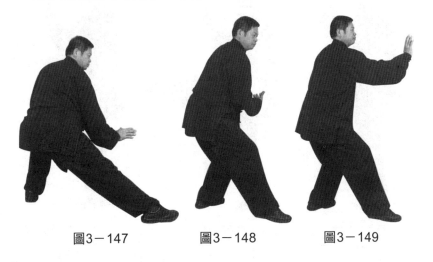

圖3－147　　　　圖3－148　　　　圖3－149

2.腰微右轉，兩手隨坐腿向下向後攦採至右側。左腿隨勢收回半步，腰胯再左轉至正東，腰胯稍起。左手向上提至胸前，掌心向上，內旋豎腕成掌心向外，指尖向上，向上向前抄擊，右掌收至右胯旁。眼神前視（圖3－151、圖3－152）。

第九十一式　斜飛勢

動作與第三十一式「斜飛勢」相同。

第九十二式　提手上勢

動作與第三十二式「提手上勢」相同。

圖3－150　　　　圖3－151　　　　圖3－152

第九十三式　白鶴亮翅

動作與第七式「白鶴亮翅」相同。

第九十四式　左摟膝拗步

動作與第九式「左摟膝拗步」相同。

第九十五式　海底針

由前式，右腳向前跟半步，重心後移至右腿。右手隨腰胯弧形後收至胸右，掌心向左，掌緣後鈎，指尖下垂，左手附於右肘內側。然後將左腳提起略收，腳尖著地成虛步。身軀前傾折腰，兩手隨折腰向下沉（圖3－153）。

圖3－153

第九十六式　扇通背

動作與第三十七式「扇通背」相同。

第九十七式　轉身白蛇吐信

1. 由前式，腰右轉向西，左腳尖內扣。左手掌向下收至左胯旁，右手掌向下收至左肋下變拳，拳背向上。隨身體右轉，左手掌向上翻起至額前，掌心向外。然後將右腿收回向右前邁出一步，腳跟著地，成虛步。右拳向上經胸

前向外向前翻轉，拳心向上，左手落至右拳內側（圖3－154）。

　　2. 重心移向右腿。同時，將右拳收至右腰旁，變掌隨腰胯前伸向前擊出，左手掌前仆置於右肘內側上面（圖3－155）。

第九十八式　退步搬攔捶

　　腰左轉，重心移向左腿，右腳收回半步，腳尖點地。同時，右手變拳，隨腰胯左轉，向後搬攔至左胸前，拳心向下，左手收至左胯旁（圖3－156）。以下動作與第十六式「進步搬攔捶」動作2、3相同，唯方向不同。

第九十九式　右攬雀尾

　　1. 腰微左轉，左腳尖外撇，右腳上至左腳前側，腳尖

圖3－154　　　　　圖3－155　　　　　圖3－156

圖3－157

點地。左手收至右胸前，掌心向下；右拳變掌，向下收至左肋旁，掌心向上，與左手掌呈抱球狀（圖3－157）。

2.與第四式「右攬雀尾」動作4相同。

第一○○式　攦擠攦按

動作與第五式「攦擠攦按」相同。

第一○一式　單　鞭

動作與第六式「單鞭」相同。

第一○二式　雲　手

1.右雲手

由單鞭式，腰右轉向南，左腳尖內扣，右腳收至左腳內側。左手掌向上翻起至頭上，掌心向下；右手向左收至

圖3－158　　　　　　　　圖3－159

左腹前，掌心向上（圖3－158）。

　　腰右轉，右腳向右橫跨半步，重心移向右腿。左手掌向下經面前胸前弧形摟至丹田處，掌心向下；右手同時上提至胸前，隨腰胯右轉，內旋豎腕成掌心向外，向下略沉，向右前推擊（圖3－159）。

2. 左雲手

與「右雲手」動作1相同，唯左右相反。

3. 右雲手

與「右雲手」動作1相同。

第一〇三式　單　鞭

動作與第六式「單鞭」相同。

圖3－160

第一○四式　高探馬帶穿掌

1. 與第四十八式「高探馬」動作相同。

2. 重心移向右腿，左腿向前仆步邁出一步，重心移向左腿。左手掌心向上隨弓膝從右手臂腕背處穿過，前伸擊出，臂微屈；右手隨勢回收至胸前，掌心向下，手指向左，置於左臂下。眼神前視（圖3－160）。

第一○五式　轉身十字腿

由前式，腰右轉向西，左腳尖內扣。同時，左手掌收至胸前變十字手，右手在外。左腿隨腰胯挺起，右腳提起，繃平腳面向前上踢出。兩手掌向左右平行分開，左掌向前迎擊右腳面。眼神前視（圖3－161）。

圖3－161　　　　　　　　　圖3－162

第一〇六式　進步指襠捶

　　由前式，右腳向前落地，重心移向右腿，腰微右轉，身軀下沉，左腳向左前方仆步邁出一步。右手掌變拳向下收至右腰旁，拳心向上；左手向右收至右胸前，掌心向裡。然後腰左轉，重心前移成左弓步。左手向下弧形摟過左膝，置於左膝旁；右拳內旋，拳眼向上，身略前俯，向前斜擊（圖3－162）。

第一〇七式　右攬雀尾

動作與第九十九式「右攬雀尾」相同。

第一〇八式　攦擠攦按

動作與第五式「攦擠攦按」相同。

第一○九式 單 鞭

動作與第六式「單鞭」相同。

第一一○式 下 勢

動作與第八十六式「下勢」相同。

第一一一式 上步七星

由前式，左腳尖外撇，重心移向左腿，右腳向左腳前右側上半步，腳跟著地。雙手變拳，左拳上提至胸前，拳眼向上，拳心向內；右拳從右向下向上前擊出，置於左手腕下，拳心向上，拳面向前。眼神前視（圖3－163）。

第一一二式 右跨虎式

由前式，右腿收至左腳內側，隨即向右後用閃式退一

圖3－163

步，向右後閃開，重心後移，左腿隨勢回收半步成虛步。
兩拳變掌，同時用開勁上下分開，如白鶴亮翅式。眼神前
視（圖3－164）。

第一一三式　左跨虎式

由前式，左腿提起向左後用閃式退一步，向左後閃
開，重心後移，右腿隨勢收回半步成虛步。右手向下收至
胸前，左手提起向右抄至右肋下，同時用開勁上下分開，
與白鶴亮翅成左右相反的姿勢（圖3－165）。

第一一四式　轉身擺蓮

1. 由前式，右腳向右前再上半步，腳尖外撇落地，重

圖3－164　　　　　圖3－165

心移向右腿，屈膝略蹲。左手向下收至胸前，右手向上提至胸前，兩手掌心向外（圖3－166）。

2. 腰微左轉，兩手隨腰胯轉至左側，左腳抬起，以右腳掌為軸，左腿和兩手隨腰胯向右橫掃一圈，回到原位，然後將重心移向左腿，腰胯挺起。兩手向上向右弧形轉至右額旁，右腳提起向左向上向右擺踢，以右腳背掃拍兩手掌，雙手從右向左迎擊右腳面（圖3－167）。

第一一五式　彎弓射虎

腰右轉，右腳向前右落地踏實。兩手隨腰胯右轉變拳，左拳轉至右胸前，右拳轉至右耳旁。然後腰胯左轉，兩拳同時向左前擊出，左拳伸至東北，臂微屈，右拳在右額前，右臂呈弧形，兩拳眼均向裡（圖3－168）。

圖3－166　　　　　圖3－167　　　　　圖3－168

第一一六式　進步搬攔捶

重心移向左腿，右腿隨勢回收半步。左拳變掌收至左胸旁，右拳向裡搬至胸前，拳心向裡（圖3－169）。以下動作同第十六式「進步搬攔捶」動作2、3相同。

第一一七式　如封似閉

動作與第十七式「如封似閉」相同。

第一一八式　合太極

1. 腰右轉至正南，左腳尖內扣。兩手隨腰右轉，收至胸前（圖3－170）。

2. 右腳收至左腳內側，復向右橫跨半步成馬步。兩手

圖3－169

圖3－170

在胸前交叉成十字手，右手在外，掌心向裡。然後腰胯下沉，兩手隨沉隨將掌心向上（圖3－171）。

3. 兩腿隨腰胯挺起，右腳收至左腳內側。雙手向左右平行分開，上舉至頭上，掌心相對（圖3－172），再向下經面前按至兩胯旁，恢復預備姿勢。斂氣凝神，停立片刻，使氣血行走歸回原狀而止（圖3－173）。

圖3－171　　　　圖3－172　　　　圖3－173

第四章

楊班侯大架太極拳

一、楊班侯大架太極拳動作名稱

1. 預備式
2. 起　勢
3. 左攬雀尾
4. 右攬雀尾
5. 掤擠攬按
6. 單　鞭
7. 提手上勢
8. 白鶴亮翅
9. 左摟膝拗步
10. 手揮琵琶
11. 左摟膝拗步
12. 右摟膝拗步
13. 左摟膝拗步
14. 手揮琵琶

15. 左摟膝拗步
16. 進步搬攔捶
17. 如封似閉
18. 十字手
19. 抱虎歸山
20. 左攬雀尾
21. 右攬雀尾
22. 掤擠攬按
23. 單　鞭
24. 古樹盤根
25. 肘底捶
26. 左倒攆猴
27. 左開合
28. 右開合

29. 右倒攆猴
30. 右開合
31. 左開合
32. 斜飛勢
33. 提手上勢
34. 白鶴亮翅
35. 左摟膝拗步
36. 海底針
37. 扇通背
38. 轉身撇身捶
39. 四隅捶一
40. 四隅捶二
41. 四隅捶三
42. 四隅捶四
43. 擺擠擺按
44. 單　鞭
45. 雲　手
46. 單　鞭
47. 高探馬
48. 右分腳
49. 左分腳
50. 轉身左蹬腳
51. 箭步栽捶
52. 轉身撇身捶
53. 二起腳

54. 左打虎式
55. 右打虎式
56. 右踢腳
57. 右雙風貫耳
58. 左雙風貫耳
59. 轉身右開合
60. 左開合
61. 轉身右蹬腳
62. 進步搬攔捶
63. 如封似閉
64. 十字手
65. 抱虎歸山
66. 左攬雀尾
67. 右攬雀尾
68. 擺擠擺按
69. 斜單鞭
70. 右野馬分鬃
71. 左野馬分鬃
72. 右攬雀尾
73. 擺擠擺按
74. 單　鞭
75. 玉女穿梭一
76. 玉女穿梭二
77. 玉女穿梭三
78. 玉女穿梭四

79. 左攬雀尾

80. 右攬雀尾

81. 攦擠攦按

82. 單　鞭

83. 雲　手

84. 單　鞭

85. 下　勢

86. 左金雞獨立

87. 右金雞獨立

88. 左倒攆猴

89. 左開合

90. 右開合

91. 右倒攆猴

92. 右開合

93. 左開合

94. 斜飛勢

95. 提手上勢

96. 白鶴亮翅

97. 左摟膝拗步

98. 海底針

99. 扇通背

100. 轉身白蛇吐信

101. 進步搬攔捶

102. 右攬雀尾

103. 攦擠攦按

104. 單　鞭

105. 雲　手

106. 單　鞭

107. 高探馬帶穿掌

108. 轉身十字腿

109. 進步指襠捶

110. 右攬雀尾

111. 攦擠攦按

112. 單　鞭

113. 下　勢

114. 上步七星

115. 退步跨虎

116. 轉身擺蓮

117. 彎弓射虎

118. 進步搬攔捶

119. 如封似閉

120. 合太極

二、楊班侯大架太極拳動作圖解

第一式　預備式

姿勢與中架「預備式」相同（圖4－1）。

第二式　起　勢

動作與中架「起勢」相同（圖4－2、圖4－3）。

第三式　左攬雀尾

1. 兩腿屈膝下蹲，鬆腰坐胯，腰右轉，右腳尖外撇，重心移向右腿，左腿仆步向左前方邁出一步。同時，左手經丹田前向右弧形抄至右肋旁，掌心向上；右掌自下向上弧形翻起至右胸前，掌心向下，與左手成抱球狀，右肘略低於腕，兩臂呈弧形。眼神平視（圖4－4）。

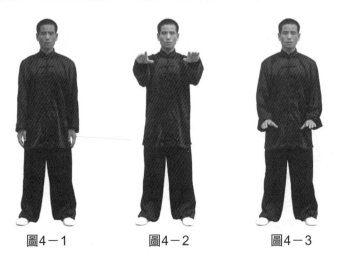

圖4－1　　　　　圖4－2　　　　　圖4－3

圖4－4　　　　　圖4－5　　　　　圖4－6

2. 腰微左轉，重心前移成左弓步。兩手經右腳前至左腳尖弧形抄起，左手在前右手在後，右手五指與左手掌根齊，掌心相對，左手如抓雀頭，右手如抓雀尾（圖4-5）。

第四式　右攬雀尾

1. 由前式，腰右轉至西方，左腳尖內扣，右腿收至左腳前側，與肩同寬，腳尖著地。左掌自左前方向上翻起至左胸前，掌心向下；右掌向下收至左肋旁，掌心向上，與左掌成抱球狀，兩臂呈弧形。眼神隨身體平視（圖4-6）。

2. 右腿仆步向右前方邁出一步，腳尖向西北方，腰微右轉，重心移向右腿。兩手經左腳尖前至右腳尖前弧形抄起，向上掤至右前方，與胸同高；右手在前左手在後，臂微屈成弧形，右手如抓雀頭，左手如抓雀尾（圖4-7）。

圖4－7

第五式　攦擠攦按

1. 攦　式

由前式，左腿向前移至右腳後側，腳尖著地。左右兩掌向前，右掌內旋翻朝下，左掌外旋翻朝上，左掌與右肘齊（圖4－8）。

然後將左腳向後仆步伸回原位，腰左轉，重心移向左腿。兩掌隨腰胯向下往左後攦，左掌攦至左肋旁，右肘收至右肋旁。右腳全掌著地（圖4－9）。

2. 擠　式

右腿收至左腳前側，腳尖著地。同時，右掌外旋向下抄至左肋下，掌心向上；左掌內旋變掌心向下，與右掌成抱球狀（圖4－10）。

右腿再向右前方邁回原位，腰右轉，重心移向右腿。同時，左手貼於右腕內側，向下隨腰胯弧形向右前上方擠出，兩臂呈弧形。左腳全掌著地（圖4－11、圖4－12）。

圖4－8　　　　　　　圖4－9　　　　　　　圖4－10

圖4-11　　　　　　　　　圖4-12

3. 搌　式

由前式，左腿向前移至右腳後側，復向後伸回原位，重心移向左腿。左右兩掌向前，右掌內旋翻朝下，左掌外旋翻朝上。腰左轉，兩掌隨腰胯向下往左後搌（圖4-13）。

圖4-13

4. 按　式

右腿收至左腳前側，腳尖著地。同時，兩掌向後收至胸前，掌心向內，與胸間距一拳半（圖4-14）。然後將右腿向右前仆步邁出一步，腰微右轉，重心移向右腿。兩手掌內旋，掌心向外，指向上，隨弓膝向下向右前按出，兩掌與胸同高。左腳全掌著地（圖4-15）。

圖4－14　　　　　　圖4－15

第六式　單　鞭

1. 腰右轉，右腳尖內扣，腳尖朝東南。左腿收至右腿前側，腳尖著地。右手五指下垂，變為鉤手；左手掌收至右胸前，掌心向內（圖4－16）。

2. 左腿仆步向左前方邁出一步，腳尖向東北，腰左轉向正東，重心前移成左弓步。左手經胸前向外翻腕成掌心向外，並向下略沉，向左前方伸出，掌心向外，與肩同高，臂微屈，右臂微屈與肩同高（圖4－17）。

第七式　提手上勢

由前式，腰右轉向南，左腳尖內扣，右腿收至左腳前側，腳尖著地，隨即仆步向右前方伸出，腳跟著地，全身坐在左腿上。同時，將兩手互相往裡提合，兩掌心斜對，右手在前，與肩同高；左手在後，與胸同高（圖4－18）。

圖4－16　　　　　　　　圖4－17

圖4－18　　　　　　　　圖4－19

第八式　白鶴亮翅

1. 腰胯向左轉向正東，右腿收至左腳前側，腳尖著地，隨即向右橫邁半步，腳尖向東南方，重心移向右腿。與此同時，右手向左下沉，移至左肘下，掌心向下；左手向右置於右肘上面，掌心斜朝右（圖4－19）。

2. 左腳收至右腳前側，腳尖
著地，隨即仆步向左前方伸出，
腳跟著地。同時，兩掌上下分
開，右手向上翻至頭部右上，掌
心向前，手指向左上；左掌下沉
至左胯旁，掌心向下。眼神前視
（圖4－20）。

圖4－20

第九式　左摟膝拗步

1. 腰微右轉，左腿收至右腳前側，腳尖著地。左手隨
腰胯右轉，向上向右翻至頭部右側，掌心向內，右手向左
向下弧形收至右腹前，掌心向上（圖4－21）。

2. 左腿仆步向左前方邁出一步，腰微左轉，重心移向
左腿。左掌隨腰胯左轉，經面前向下向左經膝前弧形摟至
左胯旁；右掌提至胸前，臂內旋，向前按出，掌心向外，
指尖向上，臂微屈，與胸同高（圖4－22）。

圖4－21　　　　　　　　圖4－22

第十式　手揮琵琶

由前式，右腳提起，向前跟半步，重心坐回右腿；左腿仆步向左前方伸出，腳跟著地。同時，右掌隨勢往後收至胸前，左手同時至下向上外繞，向前往上收合，指尖與鼻同高，兩掌心參差相對，左手在前，右手在後，如抱琵琶狀（圖4－23）。

圖4－23

第十一式　左摟膝拗步

1. 腰微右轉，左腿收至右腳前側，腳尖著地。右掌外旋向下沉至丹田處，掌心向上；左掌隨腰胯右轉向後翻至頭部右側，掌心向內，成圖4－21的姿勢。

2. 動作與第九式動作2相同。

第十二式　右摟膝拗步

1. 腰微左轉，左腳尖外撇，右腳提起向前收至左腳右前側，腳尖點地。右掌同時向上向後翻至頭部左側，掌心向內；左掌外旋變掌心向上，提至丹田處，掌心向上（圖4－24）。

圖4－24

2. 動作與第九式「左摟膝拗步」動作 2 相同，唯左右相反。

第十三式　左摟膝拗步

動作與第十二式「右摟膝拗步」相同，唯左右相反。

第十四式　手揮琵琶

動作與第十式「手揮琵琶」相同。

第十五式　左摟膝拗步

動作與第十一式「左摟膝拗步」相同。

第十六式　進步搬攔捶

1. 由前式，腰微左轉，右腿向前收至左腳前側，腳尖著地。同時，右掌變拳，隨轉腰向後搬至左胸前，掌心向裡（圖 4－25）。

2. 右腿向右前仆步邁出一步，腰右轉，重心移向右腿。右拳隨腰胯右轉，向下攔至右胯旁；左掌從左胯旁提起，向前仆出至胸前，掌心向外（圖 4－26）。

圖4－25

3. 腰微右轉，左腳收至右腳前側，復仆步向左前方邁出一步，腰微左轉，面向正東，重心移向左腿。右拳隨腰胯左轉，用螺旋勁向前擊出，臂微屈，拳眼向上，與胸同

圖4－26　　　　　　　圖4－27

高；左手掌置於右肘內側，手指朝上（圖4－27）。

第十七式　如封似閉

1. 由前式，右拳外旋變掌，掌心向上，並微左轉；然後重心後移，左掌掌心朝下，向右經右肘下向前微伸，隨前伸臂外旋，使掌心翻朝上，兩臂腕部交叉，右臂在裡，左臂在外。再將左腿收至右腳前側，腳尖著地。雙手同時向後收至胸前，邊收邊向兩邊分開，掌心向上（圖4－28）。

圖4－28

2. 左腿仆步向左前方邁出，重心移向左腿。兩掌同時內旋坐腕，翻成掌心向外，隨腰胯向前按出。眼神前視（圖4－29）。

圖4－29　　　　　　　圖4－30

第十八式　十字手

1. 由前式，腰右轉至正南，左腳尖內扣。雙手隨腰右轉（圖4－30）。

2. 右腳收至左腳內側，與肩同寬，再向右橫跨半步成馬步。兩掌內旋收至胸前交叉成十字手，右掌在外，掌心向裡；兩掌隨腰胯下沉，與兩膝同高，變掌心向上（圖4－31）。

3. 兩腿隨腰胯挺起，右腳收至左腳內側，與肩同寬。雙手向左右平行分開，上舉至頭上，兩掌心相對，再向下經面前交叉，下沉至胸前，成十字手，右掌在外，掌心向裡。兩腿微屈（圖4－32）。

第十九式　抱虎歸山

1. 由前式，腰右轉向西，左腳尖內扣，右腳隨轉腰向右前落步，腳尖點地，身軀隨兩腿屈膝下蹲，鬆腰落胯。

圖4－31　　　　　圖4－32　　　　　圖4－33

雙手隨之在胸前移動（圖4－33）。

　　2. 右腿仆步西北方向邁出一步，腰繼續右轉，重心移至右腿。右掌向下經右膝外摟至右胯旁，左掌隨腰胯右轉，由胸前向前推出（圖4－34）。

第二十式　左攬雀尾

　　1. 由前式，腰左轉向南，右腳尖內扣，左腳收

圖4－34

至右腳前側，再仆步向左前方邁出一步。右手從右胯旁向上弧形翻起至右胸前，掌心向下；左掌外旋向下收至丹田

圖4－35　　　　　　　　圖4－36

處，掌心向上，與右掌相對，成抱球狀，兩臂呈弧形（圖
4－35）。

2.動作與第三式「左攬雀尾」動作2相同。

第二十一式　右攬雀尾

動作與第四式「右攬雀尾」相同。

第二十二式　擺擠攦按

動作與第五式「擺擠攦按」相同。

第二十三式　單　鞭

動作與第六式「單鞭」相同。

第二十四式　古樹盤根

1.由前式，重心移向右腿。右鉤手變掌，弧形收至胸

圖4－37　　　　　　　　　　圖4－38

前，左手亦稍回收，雙臂沉肘，掌心向外（圖4－36）。

2. 以右腳掌為軸，左腳和左腿隨腰胯和兩掌向右橫掃一圈（360度），左腳回到原位，重心移向左腿。雙手運至胯旁，右掌變拳（圖4－37）。

第二十五式　肘底捶

由前式，腰微左轉，右腿收至左腳前側，復向右前邁半步，重心前移；接著腰微右轉，左腿向左前方伸出，腳跟著地成左虛步。左掌向前弧形向上伸出，掌緣向外手指朝上；右拳置於左肘下，拳眼朝上（圖4－38）。

第二十六式　左倒攆猴

1. 由前式，右拳變掌，提至胸前，掌心向上；左手掌前伸，掌外旋，變掌心向上（圖4－39）。

2. 左腿收回向左後仆步退一步，重心坐回左腿。右掌

圖4-39   圖4-40

內旋，坐腕伸指，指尖向上掌心向外，隨重心後移，從左手上方向前按出，臂微屈；左手掌隨勢往後沉採收至左胯旁，掌心向上（圖4-40）。

第二十七式　左開合

1. 腰左轉向西北方，右腳尖內扣，重心隨之移向右腿；左腳收至右腳前側，腳尖著地。右掌隨轉腰收至胸前，掌心向內；左掌向上提起至胸前，掌心向內（圖4-41）。

2. 左腿仆步向左前方邁出一步，重心移向左腿。兩掌於胸前內旋外翻坐腕，掌心向外，指尖向上，隨弓膝向前按出，臂微屈（圖4-42）。

第二十八式　右開合

1. 腰右轉向東，左腳尖內扣，右腿收至左腳前側，腳

圖4－41　　　圖4－42　　　圖4－43

尖著地。兩掌收至胸前，掌心向
內（圖4－43）。

2. 右腿仆步向右前方邁出一
步，重心移向右腿。兩掌內旋外
翻坐腕，掌心向外，指尖向上，
隨弓膝向前按出，臂微屈（圖
4－44）。

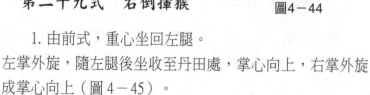

圖4－44

第二十九式　右倒攆猴

1. 由前式，重心坐回左腿。
左掌外旋，隨左腿後坐收至丹田處，掌心向上，右掌外旋
成掌心向上（圖4－45）。

2. 動作與第二十六式「左倒攆猴」動作 2 相同，唯左
右相反。

圖4-45   圖4-46

第三十式　右開合

1. 腰右轉向西南，左腳尖內扣，重心坐回左腿，右腿收至右腳前側，腳尖點地。雙手隨轉腰收至胸前，掌心向內（圖4-46）。

2. 動作與第二十八式「右開合」動作2相同，唯方向朝西南。

第三十一式　左開合

動作與第二十八式「右開合」相同，唯左右相反，是從西南方向向左轉向正東。

第三十二式　斜飛勢

1. 腰右轉向正南，左腳尖內扣，右腿回收半步，腳尖著地。右掌落至左肋下，掌心向上；左掌收至左胸前，掌

圖4－47　　　　　圖4－48　　　　　圖4－49

心向下，兩掌成抱球狀（圖4－47）。

2. 右腿仆步向右前方邁出一步，腰微右轉，重心移向右腿。右手向下經右腳尖前弧形向前往上挪出，掌心朝上；左手往後向下沉採，掌心朝下收至左胯旁（圖4－48）。

第三十三式　提手上勢

左腳前收半步落地，重心移向左腿，腰微左轉，右腿收至左腳前側，腳尖著地，隨即仆步向右前方伸出，腳跟著地，全身坐在左腿上。同時，將兩手互相往裡提合，兩掌心斜對，右手在前，與肩同高；左手在後，與胸同高（圖4－49）。

第三十四式　白鶴亮翅

動作與第八式「白鶴亮翅」相同。

第三十五式　左摟膝拗步

動作與前第九式「左摟膝拗步」相同。

第三十六式　海底針

由前式，右腳向前跟半步，重心後移至右腳；左腳收回，腳尖點地，成左虛步。右掌隨腰胯弧形後收至胸右側，掌心向左，掌緣後勾，指尖下垂，然後折腰下沉，右手下插；左手隨身向前向右向後弧形運轉，落於左膝旁。眼神前視（圖4－50）。

第三十七式　扇通背

由前式，身腰挺起，左腿仆步向左前方邁出一步，重心移向左腿。右掌由下向上往外翻起至右額旁，掌心向外，掌緣朝上；左掌上提至胸前，掌心向上，內旋坐腕成掌心向外，隨弓膝向前按出。眼神前視（圖4－51）。

圖4－50　　　　　　　圖4－51

第三十八式　轉身撇身捶

1. 由前式，腰右轉向右後，左腳尖內扣。左掌向上翻至額前，掌心向外；右掌向下收至左肋前變拳，拳心向下（圖4－52）。

2. 右腳收回，腰胯轉至正西方，右腳復向右前邁出一步，腳跟著地成虛步。右拳經胸前向上向外翻轉，向前撇下，拳心向上，左掌向下採至胸前（圖4－53）。

圖4－52　　　　　　　　　　　　　圖4－53

第三十九式　四隅捶一

1. 由前式，重心前移至右腿，左腿收至右腳內側，再伸向西南方向落步，隨上步隨將腰身右轉向北，重心移向左腿；右腿收至左腳前側，腳尖著地。右拳向內收至丹田處，左手收至胸前，掌心向下，與右拳成抱球狀（圖4－

54、圖4－54正面）。

2. 右腳向右前方（東北）仆步邁出一步，重心移向右腿。左掌向前往下弧形摟至左胯旁，掌心向下；右拳從丹田處向下經右腳尖前弧形往前向上擊出，拳心向裡，拳面向上（圖4－55、圖4－55正面）。

圖4－54　　　　　圖4－54正面

圖4－55　　　　　圖4－55正面

第四十式 四隅捶二

由上式，腰左轉
向西南，右腳尖內
扣，左腿收於右腳前
側，腳尖著地，復向
原地仆步邁出，重心
移向左腿。左手掌上
舉至胸前，往前向下
弧形摟至左胯旁；右
拳向上翻起至頭上，

圖4－56

隨腰胯向前往下栽擊，拳心向內，（圖4－56）。

第四十一式 四隅捶三

1. 腰身稍起，向左轉身，右腿收回向右前方（西北）
邁出一步，腰繼續左轉向東南，重心坐回右腿，左腳收
至右腳前側，腳尖著
地，復向左前方仆步
邁出一步。右拳收至
右腰旁，拳心向下；
左手掌外旋向上翻起
至左胸前，掌心向
右，坐腕，指尖向上
（圖4－57）。

2. 重心移向左

圖4－57

圖4－58　　　　　圖4－59

腿。右拳外旋，隨弓膝用螺旋勁向前擊出，拳眼向上，拳
面向前，臂微屈，左掌置於右肘內側（圖4－58）。

第四十二式　四隅捶四

1. 腰右轉向右後（西北），左腳尖內扣，右腿收回半
步，腳尖著地。右拳隨右轉向外向下收至右腰旁，拳心向
上；左掌向後向上翻至胸前，掌心向右，坐腕，指尖向上
（圖4－59）。

2. 右腳向右前方仆步邁出一步，重心前移成右弓步。
右拳隨弓膝用螺旋勁向前擊出，臂微屈，左掌置於右肘內
側（圖4－60）。

第四十三式　攬擠攦按

右拳變掌，其餘動作與第五式「攬擠攦按」相同。

圖4－60　　　　　　　　圖4－61

第四十四式　單　鞭

動作與第六式「單鞭」相同。

第四十五式　雲　手

1. 右雲手

由單鞭式，腰右轉向南，左腳尖內扣向前，右腿收至左腳內側，腳尖點地。左手掌向上翻起至頭上，掌心向下；右鉤手變掌，向下向左運行至左腹前，掌心向內（圖4－61）。

右腳向右橫跨一步，腰右轉，重心移向右腿。與此同時，右手向上向右提至右胸前，隨腰胯右轉至右側，臂內旋坐腕，掌心翻朝外，向右前上推出；左掌向右向下經面前胸前從右手外面向下摟至丹田處，掌心向下（圖4－62）。

圖4－62　　　　　　　　圖4－63

2. 左雲手

腰左轉向南，右腳尖內扣，左腿收至右腳內側，腳尖點地。右手掌向上翻起至頭上，掌心向下；左手掌向右運至右腹前，掌心向內（圖4－63）。

左腳向左橫跨一步，腰左轉，重心移向左腿。與此同時，左手向上向左提至左胸前，隨腰胯左轉至左側，臂內旋坐腕，掌心翻朝外，向左前上推出；右掌向左向下經面前胸前從左手外面向下摟至丹田處，掌心向下（圖4－64）。

圖4－64

3. 右雲手

與「右雲手」動作 1 相同。

<h2 style="text-align:center">第四十六式　單　鞭</h2>

動作與第六式「單鞭」相同。

<h2 style="text-align:center">第四十七式　高探馬</h2>

由單鞭式，重心移向右腿，左腿向左後退一大步，重心坐回左腿。左手掌隨左腿後坐向下向後鬆沉，收至左胸前，臂外旋成掌心向上；右手鉤手變掌，收至胸前，向前向上推出，指尖向左，掌心斜向前（圖4－65）。

<h2 style="text-align:center">第四十八式　右分腳</h2>

1. 由前式，腰右轉向東南。左右兩掌隨腰胯右轉，兩掌向前往右繞轉前伸，成右攦式（圖4－66）。

圖4－65　　　　　　　　　圖4－66

圖4－67　　　　　圖4－68　　　　　　圖4－69

2. 右腳收至左腳內側，腳尖著地。雙手向左往後攦回，兩掌收至胸前相合，掌心向內，右掌在外，成十字手勢（圖4－67）。

3. 身軀隨腰胯挺起，右膝提起，腳尖向下向右前平直踢出。兩掌同時向外翻轉，向左右平行分開，與肩同高。眼向右前視（圖4－68）。

第四十九式　左分腳

1. 右腳向右前方落下，重心移向右腿，腰左轉。兩手隨腰胯往前向左繞轉前伸，成左攦式（圖4－69）。

2. 左腳收至右腳內側，腳尖著地。雙手向右往後攦回，兩掌收至胸前相合，掌心向內，左掌在外，成十字手勢（圖4－70）。

3. 身軀隨腰胯挺起，左膝提起，腳尖向下向左前平直

圖4－70　　　　圖4－71　　　　　　圖4－72

踢出。兩掌同時向外翻轉，向左
右平行分開，與肩同高。眼向左
前視（圖4－71）。

第五十式　轉身左蹬腳

1. 由前式，左腳收回，屈膝
提起，腳尖下垂，腰左轉向西，
身體下蹲；右腳尖隨轉身內扣，
左腿同時隨身後轉，腳尖落至右

圖4－73

腳前側。兩掌同時抱合收至胸前，左手在外右手在裡，掌
心向內，成十字手（圖4－72）。

2. 身軀挺起，左膝提起，左腳跟向前平直蹬出。左右
兩掌往外翻轉成掌心向外，同時向左右平行分開（圖4－
73）。

第五十一式　箭步栽捶

1. 由前式，左腳向前落地，膝微屈，重心移向左腿，然後將身軀向前，左腳掌蹬地使身體向前上彈起，右腿隨身提起向前跳出一步，重心移向右腿；隨右腳著地，左腿屈膝提起。與此同時，左掌向上經面前向右向下弧形運至右腹前，掌心向下，右手向下運至右胯旁變拳，再向後向上運至右肩旁（圖4−74）。

2. 左腳向前邁出一步，重心移向左腿，腰胯隨重心前移而前傾。與此同時，右拳翻至右額上，拳心向內，拳面向前向下栽擊，左掌向左弧形摟過左膝置於左胯旁。眼視前下方（圖4−75）。

第五十二式　轉身撇身捶

動作與第三十八式「轉身撇身捶」相同，唯方向是從西轉向東。

圖4−74　　　　　　圖4−75

圖4－76　　　　　　　　　圖4－77

第五十三式　二起腳

1. 由前式，重心前移，身軀稍起，左腳隨身向前踢起。雙手落於兩側（圖4－76）。

2. 右腳用力蹬地騰空躍起，繃平腳面向前向上踢出；左腿向下壓擺，以助身體騰空，在右腳踢出的同時，左腳落地。右拳變掌，隨身體躍起舉上頭頂，再向前拍擊腳面（圖4－77）。

第五十四式　左打虎式

由前式，右腳落地，與左腳略齊，右腿屈膝下蹲，左腳向西北方向橫邁一步，重心移向左腿，成斜弓步。兩掌同時向下往左後擺至左側，兩掌變拳，左拳向後往上翻起至左額旁，拳心向外，拳眼向下；右拳置於左肋旁，拳心

圖4－78　　　　　　　　　　圖4－79

向裡，拳眼向上（圖4－78）。

第五十五式　右打虎式

由前式，右腿收至左腳前側，腳尖著地，復向右前仆步邁出一步，重心移向右腿。兩拳變掌，向下往右後攦至右側，兩掌變拳，右拳向後往上翻起至右額旁，拳心向外，拳眼向下；左拳置於右肋旁，拳心向裡，拳眼向上（圖4－79）。

第五十六式　右踢腳

由前式，重心坐回左腿。兩拳變掌，收至腹前，往上向內抱起成十字手，右手在外，掌心向裡。右腿隨腰胯屈膝提起，向右前平直踢出。兩掌同時向外翻轉，向左右平行分開，掌心向外。眼視前方（圖4－80）。

圖4-80　　　　圖4-81　　　　　　圖4-82

第五十七式　右雙風貫耳

1. 由前式，右腳小腿收回，大腿抬平，腳尖下垂，腰微右轉。兩掌收至腹前，掌心向上（圖4-81）。

2. 左腿屈膝下蹲，右腿向右前側邁出一步，重心移向右腿。雙手從右膝蓋兩側向左右分開變拳，往後收至兩胯旁，腰挺起，左右兩拳同時由後向前往上伸出相合，拳眼相對，拳心朝外，兩拳距離約兩拳。眼前視（圖4-82）。

第五十八式　左雙風貫耳

由前式，左腿向正東邁出一步，重心移向左腿。兩拳收至胸前，拳心向上，從左膝兩側向左右分開，往後收至兩胯旁，隨重心前移，由後向前往上伸出相合，拳眼相

圖4－83　　　　　　　　　　圖4－84

對，拳心朝外，兩拳距離約兩拳（圖4－83）。

第五十九式　轉身右開合

1. 由前式，腰右轉向正西，左腳尖內扣，右腿收至左腳前側，腳尖點地。兩拳隨轉身變掌，收至胸前，掌心向上（圖4－84）。

2. 右腳向右前方仆步邁出一步，重心移向右腿。兩掌內旋外翻坐腕，掌心向外，隨弓右膝向右前按出。眼前視（圖4－85）。

第六十式　左開合

由前式，左腿收至右腳前側，腳尖著地，復向左前方邁出一步，重心移向左腿。兩掌收至胸前，掌心向上，然後內旋外翻坐腕，掌心向外，向左前按出（圖4－86）。

圖4－85　　　　圖4－86　　　　圖4－87

第六十一式　轉身右蹬腳

1. 腰右轉向後（正東），左腳尖內扣，右腳收至左腳
內側，腳尖著地。兩掌收至胸前抱成十字手，左手在外，
掌心向裡（圖4－87）。

2. 腰身挺起，右膝提起，右
腳跟向前平直蹬出。兩掌同時向
左右平行分開，掌心向外。眼神
前視（圖4－88）。

第六十二式　進步搬攔捶

由前式，右腳向前落下，腳
尖著地，左腿屈膝下蹲腰左轉。
右掌變拳，隨轉腰向後搬至左胸

圖4－88

前，拳心向裡（圖4－89）。以
下動作與第十六式「進步搬攔
捶」動作2、3相同。

圖4－89

第六十三式　如封似閉

　　動作與第十七式「如封似
閉」相同。

第六十四式　十字手

　　動作與第十八式「十字手」相同。

第六十五式　抱虎歸山

　　動作與第十九式「抱虎歸山」相同。

第六十六式　左攬雀尾

　　動作與第二十式「左攬雀尾」相同。

第六十七式　右攬雀尾

　　動作與第四式「右攬雀尾」相同。

第六十八式　掤擠攦按

　　動作與第五式「掤擠攦按」相同。

第六十九式　斜單鞭

　　動作與第六式「單鞭」相同，唯左腳向東南方向邁

步，是斜方向，故稱「斜單鞭」。

第七十式　右野馬分鬃

1. 由前式，腰右轉向正西，左腳尖內扣，右腿收至左腳前側，腳尖著地。左掌向裡收至胸前，掌心斜向下；右鉤手變掌，向內向下收至丹田處，掌心向上，兩掌成抱球狀（圖4－90）。

2. 右腳向右前方仆步邁出一步，重心移向右腿。兩掌前後分開，右掌向下經左腳尖至右腳尖前，隨腰胯向上斜抄掤起，掌心斜向上；左掌同時向左下側採至左胯旁，掌心向下（圖4－91）。

第七十一式　左野馬分鬃

1. 左腿收至右腳前側，腳尖著地。右手掌心翻向下，向內收至胸前；左掌外旋向前向內收至丹田處，掌心向上，兩掌成抱球狀（圖4－92）。

圖4－90　　　　　圖4－91　　　　　圖4－92

2.動作與上式之「動作2」相同，唯左右相反。

第七十二式　右攬雀尾

動作與第四式「右攬雀尾」相同，唯身體右轉的角度小一些。

第七十三式　擺擠擺按

動作與第五式「擺擠擺按」相同。

第七十四式　單　鞭

動作與第六式「單鞭」相同。

第七十五式　玉女穿梭一

1.腰右轉向西南，左腳尖內扣，右腿收至左腳右側，重心坐向右腿，左腳尖著地。左掌弧形向內收至右胸前，掌心向內；右鉤手變掌，向內收至丹田處，掌心向上（圖4－93）。

2.左腿仆步向左前方邁出一步，重心移向左腿。同時，左手向下經右腳尖至左腳尖弧形向上翻起至頭上，掌心向外；右掌上提至胸前，內旋坐腕，掌心向外指尖向上，隨弓膝向前按出，臂微屈。眼前視（圖4－94）。

圖4－93

第七十六式　玉女穿梭二

1. 腰右轉向正東，左腳尖內扣，右腿收至左腳右側，腳尖著地。右掌向內收至胸前，掌心向內；左掌向內收至丹田處，掌心向上（圖4－95）。

2. 右腿仆步向右前方（東南）邁出一步，重心移向右腿。同時，右手向下經左腳尖至右腳尖弧形向上翻起至頭上，掌心向外；左掌上提至胸前，內旋坐腕，掌心向外指尖向上，隨弓膝向前按出，臂微屈。眼前視（圖4－96）。

圖4－94　　　　圖4－95　　　　圖4－96

第七十七式　玉女穿梭三

1. 腰微左轉，右腳尖內扣，左腿收至右腳前側，腳尖著地。右掌落下收至丹田處，掌心向上；左掌向內收至右

胸前，掌心向裡（圖4－97）。

2. 動作與第七十五式「玉女穿梭一」動作2相同唯方向是向東北。

第七十八式　玉女穿梭四

動作與第七十六式「玉女穿梭二」相同，唯方向不同。

圖4－97

第七十九式　左攬雀尾

腰左轉向南，右腳尖內扣，左腿收至右腳前側，腳尖點地。左掌向後收至右肋旁，掌心向上；右掌向下收至右胸前，掌心向下，兩掌成抱球狀（圖4－98）。以下動作與第三式「左攬雀尾」動作2相同。

圖4－98

第八十式　右攬雀尾

動作與第四式「右攬雀尾」相同。

第八十一式　掤擠掤按

動作與第五式「掤擠掤按」相同。

第八十二式 單 鞭

動作與第六式「單鞭」相同。

第八十三式 雲 手

動作與第四十五式「雲手」相同。

第八十四式 單 鞭

動作與第六式「單鞭」相同。

第八十五式 下 勢

由單鞭式，兩手隨腰胯後坐下蹲，重心寄於右腿。右臂仍照前式不動，左手掌緣向下，由前往後往下弧形撤至腹前，復向下向前伸出。眼神前視（圖4－99）。

第八十六式 左金雞獨立

由前式，左腳尖外撤，重心移向左腿，左腿隨腰胯挺起；同時，右腳向前屈膝提起，腳尖下垂。右手隨右腿向前，隨身體挺起向上舉起，

圖4－99

圖4－100　　　　　　圖4－101

掌心向左，手指朝上，右肘與右膝上下對齊；左手收至左
胯旁，掌心朝下。隨即右腳尖向前平直踢出，復收回原位
（圖4－100）。

第八十七式　右金雞獨立

　　由前式，右腳落地，重心移向右腿，屈膝下蹲。右掌
同時落下，收至右胯旁，指尖前伸掌心朝下。右腿挺起，
左腳隨腰胯向前屈膝提起，腳尖下垂。左掌由下隨左腿向
前，隨身體挺起向上舉起，掌心向右，手指朝上，左肘與
左膝對齊。隨即左腳尖向前平直踢出，復收回原位（圖
4－101）。

第八十八式　左倒攆猴

　　右腿屈膝下蹲，左手掌外旋前伸，掌心向上。以下動

作與第二十六式「左倒攆猴」動作 2 相同。

第八十九式　左開合

動作與第二十七式「左開合」相同。

第九十式　右開合

動作與第二十八式「右開合」相同。

第九十一式　右倒攆猴

動作與第二十九式「右倒攆猴」相同。

第九十二式　右開合

動作與第三十式「右開合」相同。

第九十三式　左開合

動作與第三十一式「左開合」相同。

第九十四式　斜飛勢

動作與第三十二式「斜飛勢」相同。

第九十五式　提手上勢

動作與第三十三式「提手上勢」相同。

第九十六式　白鶴亮翅

動作與第三十四式「白鶴亮翅」相同。

第九十七式　左摟膝拗步

動作與第三十五式「左摟膝拗步」相同。

第九十八式　海底針

動作與第三十六式「海底針」相同。

第九十九式　扇通背

動作與第三十七式「扇通背」相同。

第一○○式　轉身白蛇吐信

　　由前式，腰右轉向後（正西），左腳尖內扣，右腿收回復向右前邁出一步。隨轉身，左手向上翻起至額前，掌心向外；右掌向下收至左肋下變拳，拳背向上。然後弓右膝，重心移向右腿。右拳向上經胸前向外翻轉，拳心向上，變拳為掌，隨腰胯向前伸出，左掌落下置於左肘內側。眼神前視（圖4－102）。

圖4－102

第一○一式　進步搬攔捶

由前式，重心坐回左腿，右腿收至左腳前側，腳尖著地。右掌變拳，隨腰胯左轉，向後搬至左胸前，拳心向裡。以下過渡動作與第十六式「進步搬攔捶」動作2、3相同，唯方向不同。

第一○二式　右攬雀尾

重心移向左腿，右腿收至左腳前側，腳尖著地。左掌收至左胸前，掌心向下；右掌向下收至左肋旁，掌心向上，與左掌成抱球狀。以下動作與第四式「右攬雀尾」動作2相同。

第一○三式　掤擠掤按

動作與第五式「掤擠掤按」相同。

第一○四式　單　鞭

動作與第六式「單鞭」相同。

第一○五式　雲　手

動作與第四十五式「雲手」相同。

第一○六式　單　鞭

動作與第六式「單鞭」相同。

圖4－103   圖4－104

第一〇七式　高探馬帶穿掌

1. 動作與第四十七式「高探馬」相同。

2. 左腿仆步向前邁出一步，重心移向左腿。左手掌心向上，從右手腕背上部向前穿出；右手掌隨勢回收至左肘下，掌心向下，手指向右（圖4－103）。

第一〇八式　轉身十字腿

腰右轉向西，左腳尖內扣。雙手隨身轉動，並將左手收至胸前，與右手成十字手，右掌在外。左腿挺起，右腳繃平腳面，向前上踢起。兩掌向左右平行分開，左掌向前迎擊右腳面。眼神前視（圖4－104）。

圖4－105　　　　　　　　圖4－106

第一〇九式　進步指襠捶

1. 由前式，腰微右轉，右腳向前落地，重心右移，左膝提起，右腿隨腰胯下蹲。右掌變拳向下收至右腰旁，拳心向上；左掌向右收至右胸前，掌心向裡（圖4－105）。

2. 左腳向前仆步邁出一步，腰微左轉，重心移向左腿。左掌隨腰胯左轉，向下弧形摟過左膝蓋，置於左胯旁；右臂內旋，右拳旋轉向前擊出，變拳眼向上，拳面向前。眼神前視（圖4－106）。

第一一〇式　右攬雀尾

右腿收至左腳前側，腳尖著地。左掌收至左胸前，掌心向下；右掌向下收至左肋旁，掌心向上，與左掌成抱球狀。以下動作與第四式「右攬雀尾」動作2相同。

第一一一式　攦擠攦按

動作與第五式「攦擠攦按」相同。

第一一二式　單　鞭

動作與第六式「單鞭」相同。

第一一三式　下　勢

動作與第八十五式「下勢」相同。

第一一四式　上步七星

由前式，左腳尖外撇，身體隨腰胯向前，將重心移向左腿，右腳向前邁出，腳跟著地。左掌變拳，收至胸前，拳眼向上，拳心向裡；右鉤手變拳，從後向下向前向上伸出，置於左腕下，拳眼向右，拳心向裡（圖4－107）。

第一一五式　退步跨虎

由前式，右腿向後仆步邁出一步，重心後移，坐向右腿。兩拳變掌，同時上下分開，如白鶴亮翅式。眼神前視（圖4－108）。

第一一六式　轉身擺蓮

1. 由前式，右掌向下收至胸前，左掌向上提至胸前，兩掌掌心向外，兩掌隨腰胯左轉至左側（圖4－109）。

2. 以右腳掌為軸，左腿隨腰胯和兩手掌向右橫掃一圈

圖4－107　　　　　　　圖4－108

圖4－109　　　　　　　圖4－110

（360度），回到原位，重心移向左腿，然後腰胯挺起。
兩手掌向上向右弧形轉至右額旁，再向左橫移。同時，將
右腳提起向上往右後擺踢，以右腳背掃拍兩手掌（圖4－
110）。

第一一七式　彎弓射虎

由前式，右腳向前右落地坐實，腰右轉，重心移向右腿。兩掌隨腰胯右轉，同時由掌變拳，左拳轉至胸前，右拳轉至右胯前。然後腰左轉，兩拳隨腰胯同時向左前擊出，左拳伸向左前，拳心斜向外；右拳置於右額外側，拳心向下（圖4－111）。

第一一八式　進步搬攔捶

由前式，重心坐回左腿，右腿收至左腳前側，腳尖點地。右拳向前向左後搬至左胸前，掌心向裡，左拳變掌收至右拳左側。以下動作與第十六式「進步搬攔捶」動作2、3相同。

第一一九式　如封似閉

動作與第十七式「如封似閉」相同。

第一二〇式　合太極

1. 腰右轉向正南，左腳尖內扣，右腳收至左腳內側，再向右橫跨半步成馬步，腰胯下沉。兩手隨轉腰收至胸前成十字手，掌心向內，右掌在外，雙手再隨腰胯下沉，與兩膝同高，變掌心向上（圖4－112）。

2. 兩腿隨腰胯挺起，右腳收至左腳內側，與肩同寬。同時，雙手向左右分開上舉至頭頂，兩手掌心相對（圖4－113）。

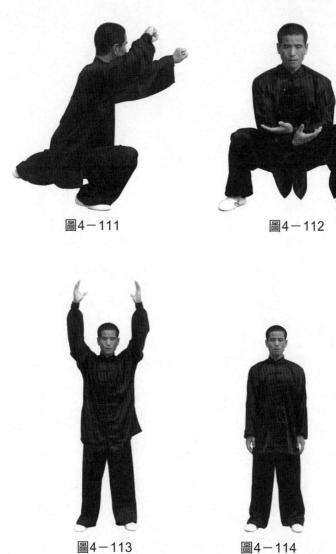

圖4－111　　　　　　　　圖4－112

圖4－113　　　　　　　　圖4－114

　　3. 兩掌向下經面前向下按至兩胯旁，兩臂自然下垂。停立片刻，使氣血行走歸回原狀而止（圖4－114）。

第五章

楊班侯提腿架太極拳

一、楊班侯提腿架太極拳動作名稱

1. 預備式
2. 起　勢
3. 攬雀尾
4. 掤攦擠按
5. 單　鞭
6. 提手上勢
7. 白鶴亮翅
8. 左摟膝拗步
9. 手揮琵琶
10. 左摟膝拗步
11. 右摟膝拗步
12. 左摟膝拗步
13. 手揮琵琶
14. 左摟膝拗步

15. 進步搬攔捶
16. 如封似閉
17. 十字手
18. 抱虎歸山
19. 攬雀尾
20. 掤攦擠按
21. 單　鞭
22. 肘底看捶
23. 左右倒攆猴
24. 斜飛勢
25. 提手上勢
26. 白鶴亮翅
27. 左摟膝拗步
28. 童子抱球

29. 海底針

30. 扇通背

31. 翻身撇身捶

32. 四隅捶一

33. 四隅捶二

34. 四隅捶三

35. 四隅捶四

36. 攦擠按

37. 單　鞭

38. 雲　手

39. 單　鞭

40. 高探馬

41. 右分腳

42. 左分腳

43. 轉身左蹬腿

44. 箭步栽捶

45. 翻身撇身捶

46. 二起腳

47. 左打虎式

48. 右打虎式

49. 右踢腳

50. 雙風貫耳

51. 左蹬腳

52. 轉身右蹬腳

53. 進步搬攔捶

54. 如封似閉

55. 十字手

56. 抱虎歸山

57. 攬雀尾

58. 掤攦擠按

59. 斜單鞭

60. 左右野馬分鬃

61. 掤攦擠按

62. 單　鞭

63. 玉女穿梭一

64. 玉女穿梭二

65. 玉女穿梭三

66. 玉女穿梭四

67. 攬雀尾

68. 掤攦擠按

69. 單　鞭

70. 雲　手

71. 單　鞭

72. 下　勢

73. 左金雞獨立

74. 右金雞獨立

75. 左右倒攆猴

76. 斜飛勢

77. 提手上勢

78. 白鶴亮翅

二、楊班侯提腿架太極拳動作圖解

楊班侯提腿架太極拳，是在中架的基礎上進一步鍛鍊功力的拳架。其動作名稱和基本練法與中架一致，只是為了鍛鍊功力，增加了提腿的動作，而且只有熟悉中架才能練習。

為節約篇幅，本章在動作說明方面儘量從簡，著重說明提腿動作，手的動作和其他細節可參考中架說明。但是拳架照片仍保持必要的連續性。凡有提腿動作，都是腰身挺起，一腿直立，膝微屈，不要繃直，另一腿屈膝提起，膝與肋部同高，小腿下垂，腳尖向下，不再重複。

圖5-1

第一式　預備式

動作同中架「預備式」（圖5-1）。

第二式　起　勢

動作同中架「起勢」（圖5-2、圖5-3）。

第三式　攬雀尾

1. 兩腿屈膝略蹲，腰右轉，重心移向右腿。雙手弧形抄至胸前成抱球狀。右腿直立，左腿屈膝提起，小腿下垂，腳尖向下，膝與左肋同高（圖5-4）。

2. 右腿屈膝下蹲，左腿仆步向東南方邁出一步，腰微左轉，重心移向左腿。雙手弧形向上抄起至左前方，左手如抓雀頭，右手如抓雀尾（圖5-5）。

圖5-2　　　圖5-3　　　圖5-4　　　圖5-5

第四式　掤攦擠按

1. 掤　式

腰右轉向西，左腳尖內扣。
雙手運至胸前成抱球狀。左腿直
立，右腿屈膝提起（圖5－6）。
然後左腿屈膝下蹲，右腿仆步向
西北方邁出一步，腰微右轉，重
心移向右腿。雙手弧形向上掤起
至右前方（圖5－7）。

圖5－6

2. 攦　式

左右兩掌向前，右掌心翻朝下，左掌心翻朝上，右掌
在前，左掌在後。右腿直立，左腿前收屈膝提起（圖5－
8）。然後右腿屈膝下蹲，左腿向後仆步伸回原位，屈膝
後坐。兩掌隨身左轉向下往後攦（圖5－9）。

圖5－7　　　　圖5－8　　　　圖5－9

3. 擠　式

左腿直立，右腿收回屈膝提起。同時，右掌收至左肋旁，掌心向內；左掌內旋，掌心翻朝前，附於右腕內側（圖5－10）。然後左腿屈膝下蹲，右腿仆步向右前方邁回原位，重心移向右腿。雙手同時弧形向右前上擠出（圖5－11）。

4. 按　式

右腿直立，左腿向前屈膝提起。右掌手心翻向下，左掌手心翻朝上（圖5－12）。

然後右腿屈膝下蹲，左腿仆步向後伸回原位，重心後移，腰左轉，左腿直立，右腿收回屈膝提起。兩掌收至胸前，掌心向內（圖5－13）。

接著右腿仆步向西邁出一步，重心移向右腿。兩掌內旋，掌心向外，向前按出（圖5－14）。

圖5－10　　　　　圖5－11　　　　　圖5－12

第五式　單　鞭

1. 重心後移，右腳尖內扣，腰身轉至東南，左腿收回屈膝提起。右手變鉤手弧形伸向右側，左掌收至右胸前，掌心向內（圖5－15）。

2. 左腿仆步向左前邁出一步，做單鞭式（圖5－16）。

圖5－13　　　　　　　圖5－14

圖5－15　　　　　　　圖5－16

第六式　提手上勢

1. 腰右轉向南，左腳尖內扣，右腿收回屈膝提起。雙手內收（圖5－17）。

2. 左腿下沉，右腿向右前方伸出，腳跟著地。兩手往裡提合，做提手上勢（圖5－18）。

第七式　白鶴亮翅

1. 腰左轉，左腿直立，右腿收回屈膝提起。雙手收至胸前（圖5－19）。

2. 左腿下沉，右腳向右前橫伸半步，重心移向右腿，然後右腿直立，左腿回收屈膝提起。雙手同時做白鶴亮翅（圖5－20）。

圖5－17　　　　圖5－18　　　　圖5－19　　　　圖5－20

第八式 左摟膝拗步

由前式，腰右轉，右腿屈膝下蹲，左腿仆步向左前邁出一步，腰左轉，重心移向左腿。雙手隨身做左摟膝拗步（圖5-21、圖5-22）。

第九式 手揮琵琶

1. 身軀與左腿挺起，右腿前收，屈膝提起。右手心翻朝上（圖5-23）。

2. 左腿下沉，右腿向後伸回半步，重心坐回右腿，左腿向左前微伸，腳尖著地成虛步。雙手合至胸前，做手揮琵琶（圖5-24）。

圖5-21

圖5-22　　　　　圖5-23　　　　　圖5-24

第十式　左摟膝拗步

1. 右腿直立，左腿屈膝提起。右掌外旋向下收至右胯處，拳心向上；左手掌向右收至右耳旁，掌心向內（圖5－25）。

2. 右腿屈膝下蹲，左腿仆步向左前方邁出一步，重心移向左腿。雙手隨身做左摟膝拗步（圖5－26）。

第十一式　右摟膝拗步

1. 左腳尖外撇，左腿直立，右腿向前屈膝提起。右掌向後收至左耳旁，掌心向內，左掌手心翻朝上（圖5－27）。

2. 左腿屈膝下蹲，右腿仆步向右前方邁出一步，重心移向右腿。雙手隨身做右摟膝拗步（圖5－28）。

圖5－25　　　　　　圖5－26　　　　　　圖5－27

圖5-28　　　　　　　圖5-29

第十二式　　左摟膝拗步

動作與第十一式「右摟膝拗步」相同，唯左右相反。

第十三式　　手揮琵琶

動作與第九式「手揮琵琶」相同。

第十四式　　左摟膝拗步

動作與第十式「左摟膝拗步」相同。

第十五式　　進步搬攔捶

1. 左腿直立，腰微左轉，右腿屈膝提起。右掌變拳，向後搬至左胸前，拳心向裡（圖5-29）。

2. 左腿屈膝下蹲，右腿向右前仆步前伸一步，腰微右

圖5－30　　　　　　圖5－31　　　　　　圖5－32

轉，重心移向右腿。右拳弧形向下攔至右腰旁，左掌向前仆出至胸前，掌心向外（圖5－30）。

3. 右腿直立，左腿屈膝提起。右拳上提，左手內收（圖5－31）。

4. 右腿屈膝下蹲，左腿向左前方仆步邁出一步，重心移向左腿。右拳外旋，用螺旋勁向前擊出，拳面向前，拳眼向上，左掌置於右肘內側（圖5－32）。

第十六式　如封似閉

1. 左腿直立，右腿前收屈膝提起。右拳變掌，掌心向上，微左移回收；左手掌心朝下，經右肘下向外微伸並使掌心翻朝上，兩臂交叉（圖5－33）。

2. 左腿下沉，右腿向後仆步伸回原位，重心移向右腿，然後將右腿直立，左腿回收屈膝提起。雙手左右分

圖5-33　　　圖5-34　　　　圖5-35

開，收至胸前，掌心向上（圖5-34）。

3. 右腿屈膝下蹲，左腿仆步向左前方邁出一步，重心移向左腿。兩掌同時內旋坐腕，隨腰胯向前按出（圖5-35）。

第十七式　十字手

動作同中架「十字手」。

第十八式　抱虎歸山

1. 腰右轉，左腳尖內扣，右腿屈膝提起（圖5-36）。

2. 左腿屈膝下蹲，右腿仆步向西北方邁出一步，重心移向右腿。雙手動作類似右摟膝拗步（圖5-37）。

圖5-36

圖5-37　　　　　　　　圖5-38

第十九式　攬雀尾

腰右轉，右腳尖內扣，其他動作同第三式「攬雀尾」。

第二十式　掤攦擠按

動作同第四式「掤攦擠按」。

第二十一式　單　鞭

動作同第五式「單鞭」。

第二十二式　肘底看捶

1. 左腿直立，右腿前收屈膝提起。右手鉤手變拳，弧形收舉至胸前，左掌收至左肋旁（圖5-38）。

2. 左腿屈膝下蹲，右腿向右前方邁出半步，重心移向

右腿；左腿向左前方伸出，腳跟著地成虛步。左掌向前向上伸出，右拳置於左肘下（圖5－39）。

圖5－39

第二十三式　左右倒攆猴

1. 左倒攆猴

右腿直立，左腿回收屈膝提起。右拳變掌，掌心向上提至胸前；左掌前伸，臂外旋，掌心向上（圖5－40）。然後右腿屈膝下蹲，左腿向左後仆步退一步，重心移向左腿，右腳尖著地。左掌隨勢收至胯旁，右掌內旋，向前按出（圖5－41）。

2. 右倒攆猴

左腿直立，右腿回收屈膝提起。左掌提至胸前，右掌前伸，掌心向上（圖5－42）。然後左腿屈膝下蹲，右腿

圖5－40　　　　**圖5－41**　　　　**圖5－42**

向右後仆步退一步，重心移向右腿，左腳尖著地。雙手做右倒攆猴動作（圖5－43）。

3. 左倒攆猴

動作與右倒攆猴相同，唯左右相反。

第二十四式　斜飛勢

1. 腰右轉至正南，左腳尖內扣，左腿直立，右腿屈膝提起。右掌向左抄至左肋下，掌心向上；左掌向上翻轉至左胸前，掌心向下，兩掌如抱球狀（圖5－44）。

2. 左腿下蹲，右腿仆步向右前方邁出一步，重心移向右腿。雙手作斜飛勢動作（圖5－45）。

第二十五式　提手上勢

動作與第六式「提手上勢」相同。

圖5－43　　　　圖5－44　　　　圖5－45

第二十六式　白鶴亮翅

動作與第七式「白鶴亮翅」相同。

第二十七式　左摟膝拗步

動作與第八式「左摟膝拗步」相同。

第二十八式　童子抱球

1. 腰右轉向西南方，左腳尖內扣，左腿直立，右腿屈膝提起。兩掌同時隨轉腰弧形向上翻起，左掌運至頭頂，掌心斜向下；右掌運至右肩旁，掌心斜向上，兩掌心成抱球狀（圖5－46）。

2. 左腿下蹲，右腿仆步向右前邁出一步，重心移向右腿。雙手隨弓膝向前伸出，右手掌心向上，左手置於右肘內側，掌心向下（圖5－47）。

圖5－46

圖5－47

第二十九式　海底針

動作與中架「海底針」相同。

第三十式　扇通背

1. 身漸起，右腿直立，左腿屈膝提起。右掌提至腹前，左掌收至右胸前，掌心向內（圖5－48）。

2. 右腿下蹲，左腿仆步向左前方邁出一步，重心移向左腿。雙手同時做扇通背動作（圖5－49）。

第三十一式　翻身撇身捶

1. 腰右轉向西，左腳尖內扣，左腿直立，右腿屈膝提起。左掌收至左胯旁，右掌收至左肋下變拳，拳背向上（圖5－50）。

圖5－48　　　　　　圖5－49　　　　　　圖5－50

2. 左腿屈膝後坐，右腿向右前伸出半步，腳尖著地成虛步。左掌右拳向上向右翻轉，做撇身捶動作（圖5－51）。

圖5－51

第三十二式　四隅捶一

1. 重心前移，右腿直立，左腿前收屈膝提起。右拳心翻朝下，左手掌心向裡（圖5－52）。

2. 右腿屈膝下蹲，左腿向左前側橫跨一步，腰右轉向正北方，重心移向左腿。右拳向右前伸出（圖5－53）。

3. 左腿直立，右腿屈膝提起。右拳向內收至丹田處，左手弧形向上運至頭左側，掌心向前（圖5－54）。

圖5－52　　　　圖5－53　　　　圖5－54

4. 左腿下蹲，右腿仆步向右前邁出一步，腳尖向東北方，重心移向右腿。左掌向前往下弧形摟至左胯旁，掌心向下，右拳從下往上弧形擊出（圖5－55）。

第三十三式　四隅捶二

1. 腰左轉至西南方，右腳尖內扣，左腿回收屈膝提起。左手收至胸前，右拳落於胯旁（圖5－56）。

2. 右腿屈膝下蹲，左腿向左前（西南）仆步邁出一步，重心移向左腿。左手從胸前向下往前弧形摟至左胯旁，右拳向上翻起至頭上，隨下腰向前往下栽擊，拳心向內，拳面向下（圖5－57）。

第三十四式　四隅捶三

1. 左腿直立，右腿前收屈膝提起。右拳收至胸前（圖5－58）。

圖5－55　　　　圖5－56　　　　圖5－57

圖5-58　　　　　　圖5-59　　　　　　圖5-60

2. 左腿下蹲，右腿仆步向右前伸一步，腰左轉向東南，重心移向右腿。右手從胸前弧形前伸（圖5-59）。

3. 右腿直立，左腿回收屈膝提起。右拳收至右腰旁，拳心向上；左掌收至胸前，指尖向上（圖5-60）。

圖5-61

4. 右腿下蹲，左腿仆步向左前方（東南）邁出一步，重心移向左腿。右拳外旋隨弓膝用螺旋勁向前擊出，拳眼向上，左掌置於右肘內側（圖5-61）。

第三十五式 四隅捶四

1. 腰右轉向西北，左腳尖內扣。左掌收至左胸前，右拳向右前伸出。然後左腿直立，右腿屈膝提起。右拳向內收至丹田處，左手弧形向上運至頭左側，掌心向前（圖5－62、圖5－63）。

2. 左腿下蹲，右腿仆步向右前邁出一步，重心移向右腿。右拳外旋用螺旋勁向前擊出，左掌置於右肘內側（圖5－64）。

第三十六式 掤攦擠按

動作與第四式「掤攦擠按」動作2、3、4相同。

第三十七式 單 鞭

動作與第五式「單鞭」相同。

圖5－62　　　圖5－63　　　圖5－64

第三十八式　雲　手

1. 右雲手

腰右轉至正南，左腳尖內扣，左腿
直立，右腿屈膝提起。左掌收至左胯
旁，右鉤手變掌，從下向上弧形運至左
胸前，掌心向上（圖5－65）。然後左
腿下蹲，右腿向右橫伸半步，重心移向
右腿。雙手做右雲手（圖5－66）。

2. 左雲手

腰左轉，右腿直立，左腿屈膝提

圖5－65

起。右掌向下收至右胯旁，左掌外旋經丹田處向上提至右
胸前（圖5－67）。然後右腿下蹲，左腿向左橫伸一步，
重心移向左腿。雙手做左雲手（圖5－68）。

圖5－66　　　　　圖5－67　　　　　圖5－68

3. 右雲手

與動作 2 相同，唯左右相反。

雲手可做 3 至 5 個，但要與野馬分鬃、倒攆猴的個數相應。

第三十九式　單　鞭

動作與第五式「單鞭」相同。

第四十式　高探馬

1. 左腿直立，右腿前收屈膝提起。左掌向下收至左肋前，掌心向上；右鉤手變掌向前收至胸前，掌心向下（圖 5－69）。

2. 左腿下蹲，右腿向右後伸出半步，重心移向右腿，左腳尖著地成虛步。雙手做高探馬動作（圖 5－70）。

圖 5－69

第四十一式　右分腳

動作同中架「右分腳」，但雙手攦回成十字手時，要左腿直立，右腿屈膝提起（圖 5－71、圖 5－72）。

第四十二式　左分腳

動作同中架「左分腳」，但雙手攦回成十字手時，要右腿直立，左腿屈膝提起（圖 5－73、圖 5－74）。

圖5－70　　　　　圖5－71　　　　　圖5－72

圖5－73　　　　　圖5－74　　　　　圖5－75

第四十三式　轉身左蹬腳

　　動作同中架「轉身左蹬腳」，但雙手成十字手時，要右腿直立，左腿屈膝提起（圖5－75）。以下蹬腳、踢腳動作均應如此。

第四十四式　箭步栽捶

動作同中架「箭步栽捶」。

第四十五式　翻身撇身捶

動作同中架「翻身撇身捶」。

第四十六式　二起腳

動作同中架「二起腳」。

第四十七式　左打虎式

動作同中架「左打虎式」。

第四十八式　右打虎式

左腿直立，右腿屈膝提起（圖5－76）。然後左腿屈膝下蹲，右腿仆步向右前伸出一步，重心移向右腿。雙手做右打虎（圖5－77）。

第四十九式　右踢腳

動作同中架「右踢腳」。

第五十式　雙風貫耳

動作同中架「雙風貫耳」。

圖5－76　　　　　圖5－77　　　　　圖5－78

第五十一式　左蹬腳

動作同中架「左蹬腳」。

第五十二式　轉身右蹬腳

動作同中架「轉身右蹬腳」，但蹬出前應左腿直立，右腿屈膝提起（圖5－78）。

第五十三式　進步搬攔捶

右腳收回屈膝提起，右掌變拳隨腰左轉，向後搬至左胸前，拳心向裡。以下動作與第十五式「進步搬攔捶」動作2、3、4相同。

第五十四式　如封似閉

動作與第十六式「如封似閉」相同。

第五十五式　十字手

動作與第十七式「十字手」相同。

第五十六式　抱虎歸山

動作與第十八式「抱虎歸山」相同。

第五十七式　攬雀尾

動作與第十九式「左攬雀尾」相同。

第五十八式　掤攦擠按

動作與第四式「掤攦擠按」相同。

第五十九式　斜單鞭

動作與第五式「單鞭」相同，唯面向東南為斜方向。

第六十式　左右野馬分鬃

1. 右野馬分鬃

腰右轉向西，左腳尖內扣，然後左腿直立，右腿屈膝提起。左手向內收至胸前，右鉤手變掌，向內向下收至丹田處（圖5－79）。接著左腿下蹲，右腿仆步向右前邁出一步，重心移向右腿。雙手做右野馬分鬃（圖5－80）。

2. 左野馬分鬃

重心前移，右腿直立，左腿回收屈膝提起。雙手在右

圖5－79　　　　　圖5－80　　　　　圖5－81

胸前成抱球狀（圖5－
81）。然後右腿下蹲，左
腿仆步向左前邁出一步，
重心移向左腿。雙手做左
野馬分鬃（圖5－82）。

3. 右野馬分鬃

重心前移，左腿直
立，右腿屈膝提起，以下
動作與動作1相同。

圖5－82

野馬分鬃可做3個或5個，以右野馬分鬃結束，但要
與雲手的個數相應。

第六十一式　掤攦擠按

重心後移，左腿直立，右腿屈膝提起。雙手運至胸前

成抱球狀。其他動作與第四式「掤攦擠按」相同。

第六十二式　單　鞭

動作與第五式「單鞭」相同。

第六十三式　玉女穿梭一

1. 腰右轉向西南，左腳尖內扣，重心移向右腿，左腿屈膝提起（圖5－83）。

2. 右腿下蹲，左腿仆步向左前方邁出一步，重心移向左腿。雙手向西南做玉女穿梭（圖5－84）。

第六十四式　玉女穿梭二

1. 腰右轉向正東，左腳尖內扣，然後左腿直立，右腿屈膝提起。右掌收至丹田處，掌心向上；左掌收至左胸前，掌心向裡（圖5－85）。

圖5－83　　　　圖5－84　　　　圖5－85

圖5－86　　　　　圖5－87　　　　　圖5－88

2. 左腿下蹲，右腿仆步向右前方（東南）邁出一步，重心移向右腿。雙手同時向東南做玉女穿梭（圖5－86）。

第六十五式　玉女穿梭三

腰左轉向東北，右腳尖內扣，然後右腿直立，左腿前收屈膝提起。其餘動作與「玉女穿梭一」動作2相同，唯方向不同（圖5－87、圖5－88）。

第六十六式　玉女穿梭四

與玉女穿梭二動作相同，唯方向是由東北右轉向西北。

第六十七式　攬雀尾

腰左轉，右腳尖內扣，然後右腿直立，左腿屈膝提

起。其他動作與第三式「攬雀尾」相同。

第六十八式　掤攦擠按

動作與第四式「掤攦擠按」相同。

第六十九式　單　鞭

動作與第五式「單鞭」相同。

第七十式　雲　手

動作與第三十八式「雲手」相同。

第七十一式　單　鞭

動作與第三十九式「單鞭」相同。

第七十二式　下　勢

動作同中架「下勢」。

第七十三式　左金雞獨立

動作同中架「左金雞獨立」。

第七十四式　右金雞獨立

動作同中架「右金雞獨立」。

第七十五式　左右倒攆猴

動作與第二十三式「左右倒攆猴」相同。

第七十六式　斜飛勢

動作與第二十四式「斜飛勢」相同。

第七十七式　提手上勢

動作與第二十五式「提手上勢」相同。

第七十八式　白鶴亮翅

動作與第七式「白鶴亮翅」相同。

圖5-89

第七十九式　左摟膝拗步

動作與第八式「左摟膝拗步」相同。

第八十式　海底針

動作與中架「海底針」相同。

第八十一式　扇通背

動作與第三十式「扇通背」相同。

第八十二式　翻身白蛇吐信

動作的前面與第三十一式「翻身撇身捶」相同，然後重心移向右腿。右拳變掌，指尖向前，掌心向上，隨腰胯伸向前，猶如蛇信吐出（圖5-89）。

第八十三式　退步搬攔捶

重心坐於左腿，右腿屈膝提起。右掌變拳，向後搬至左胸前，拳心向裡。以下動作與第十五式「進步搬攔捶」動作 2、3、4 基本相同，只是動作 2 的右腿是向後仆步退一步。

第八十四式　掤攦擠按

動作與第四式「掤攦擠按」相同。

第八十五式　單　鞭

動作與第五式「單鞭」相同。

第八十六式　雲　手

動作與第三十八式「雲手」相同。

第八十七式　單　鞭

動作與第三十九式「單鞭」相同。

第八十八式　高探馬帶穿掌

1. 動作與第四十式「高探馬」相同，唯左腿屈膝提起。

2. 右腿屈膝下蹲，左腿仆步向左前邁出一步，重心移向左腿。雙手做穿掌動作（圖 5－90）。

圖5-90　　　　　圖5-91　　　　　圖5-92

第八十九式　轉身十字腿

動作同中架「轉身十字腿」。

第九十式　進步指襠捶

1. 右腳向前落地直立，左腿屈膝提起。右掌變拳向下收至右腰旁，拳心向上；左掌隨腰胯右轉，向右收至右胸前，掌心向裡（圖5-91）。

2. 右腿下蹲，左腿向前仆步邁出一步，重心移向左腿。雙手做指襠捶動作（圖5-92）。

第九十一式　掤攦擠按

左腿隨腰胯挺起。雙手在胸前成抱球狀。以下動作與第四式「掤攦擠按」相同。

第九十二式　單　鞭

動作與第五式「單鞭」相同。

第九十三式　下　勢

動作與第四十二式「下勢」相同。

第九十四式　上步七星

動作與中架「上步七星」相同。

第九十五式　退步跨虎

1. 左腿直立，右腿回收屈膝提起。兩拳變掌，稍向內收（圖5－93）。

2. 左腿下蹲，右腿向右後仆步退一步，重心移向右腿。雙手向左右上下分開，類似白鶴亮翅式，但右手心向外（圖5－94）。

第九十六式　轉身擺蓮

動作與中架「轉身擺蓮」相同。

第九十七式　彎弓射虎

動作與中架「彎弓射虎」相同。

第九十八式　進步搬攔捶

重心移向左腿，左腿直立，右腿屈膝提起。右拳隨腰

圖5－93　　　　　　　　圖5－94

胯左轉，向裡搬至左胸前，拳心向裡，左拳變掌收至左胸
旁（見圖5－29）。以下動作與第十五式「進步搬攔捶」
動作2、3、4相同。

第九十九式　如封似閉

動作與第十六式「如封似閉」相同。

第一〇〇式　合太極

動作與中架「合太極」相同。

第六章

楊班侯小架太極拳

一、楊班侯小架太極拳動作名稱

第一段

1. 預備式
2. 起　勢
3. 攬雀尾
4. 掤攦擠按
5. 單　鞭
6. 提手上勢
7. 白鶴亮翅
8. 左摟膝拗步
9. 手揮琵琶
10. 左摟膝拗步
11. 右摟膝拗步
12. 左摟膝拗步
13. 手揮琵琶

14. 左右摟膝拗步
15. 搬攔捶
16. 如封似閉
17. 披　身

第二段

18. 攬雀尾
19. 抱虎歸山
20. 單　鞭
21. 肘底看捶
22. 左倒攆猴
23. 左開合
24. 右倒攆猴
25. 右開合
26. 斜飛勢

76. 左玉女穿梭

77. 左開合

78. 右玉女穿梭

79. 右開合

80. 左玉女穿梭

81. 左開合

82. 右玉女穿梭

83. 雙向右開合

84. 單　鞭

85. 右雲手

86. 左雲手

87. 右雲手

88. 單　鞭

89. 下　勢

90. 左開合

91. 左金雞獨立

92. 右雙開合

93. 右金雞獨立

94. 左雙開合

95. 左倒攆猴

96. 左開合

97. 右倒攆猴

98. 右開合

99. 斜飛勢

100. 提手上勢

101. 白鶴亮翅

102. 左摟膝拗步

103. 海底針

104. 青龍出水

105. 翻身撇身捶

106. 進步搬攔捶

107. 左開合

108. 攬雀尾

109. 掤攦擠按

110. 單　鞭

111. 右雲手

112. 右雙開合

113. 左雲手

114. 左雙開合

115. 右雲手

116. 右雙開合

117. 左雲手

118. 左雙開合

119. 右雲手

120. 右雙開合

121. 左雲手

122. 左雙開合

123. 單　鞭

124. 高探馬穿掌

125. 轉身右雙開合

二、楊班侯小架太極拳動作圖解

第一式　預備式

面南站立，排除雜念，全身自上而下放鬆。虛領頂勁，氣沉丹田，垂肩墜肘，含胸拔背。頭容正直，兩臂自然下垂，兩腳平行站立，與肩同寬（圖6-1）。

第二式　起　勢

1. 兩臂徐徐前舉，以手領肘，同時臂內旋，使掌心朝下，高與肩平（圖6-2）。

2. 兩肘下沉，雙手向胸前內收，手指朝上，臂外旋，掌心相對斜朝裡（圖6-3）。

圖6-1　　　　圖6-2　　　　圖6-3　　　　圖6-4

3. 身體下沉，兩手下落至腹前，掌心相對，手指朝前（圖6-4）。

第三式　攬雀尾

1. 腰右轉，右腳尖外撇約80°。雙手隨身右移，右臂稍內旋使掌心斜朝下，左臂稍外旋使掌心斜朝上（圖6-5）。

2. 身體漸起，腰繼續右轉，將左腳收至右腳內側，腳尖點地。與此同時，雙手隨身向上向右移至右胸前，左手斜朝上，

圖6-5

圖6-6　　　　圖6-7　　　　圖6-7正面

右手斜朝下（圖6-6）。

3. 身體下沉，左腳向西南方向上一小步（以下凡上步均為小步，不再說明），然後蹬右腿，身漸起，成右弓步。雙手隨身下沉再向前向左向上移動，使左手在前，虎口朝上，猶如捉住鳥頭；右手在後，虎口朝前，猶如捉住鳥尾（圖6-7、圖6-7正面）。

第四式　掤攦擠按

1. 腰右轉，重心右移，雙手隨身右移，然後腰左轉，重心左移，右腳收至左腳內側，腳尖點地。雙手隨身左移，使右手在前，手心斜朝內上；左手在後，手心斜朝前下（圖6-8）。

2. 掤　式

身體稍下沉，右腳向西北方向上步，然後蹬左腳，身

圖6-8　　　圖6-9　　　圖6-10　　圖6-11

漸起，重心前移，成右弓步。雙手同時向前掤出，右手在前，手心朝內上；左手在後，手心朝前下（圖6-9）。

3. 攦　式

右手臂內旋，使掌心朝下；左手臂外旋，使掌心朝上。接著身體下沉，腰左轉，重心左移。雙手隨身向左下攦至腹前（圖6-10）。

4. 擠　式

身體漸起，腰右轉。雙手隨身上移至胸前，掌心向內。同時，將右腳收回，腳尖點地（圖6-11）。接著上右步，蹬左腳，重心前移，成右弓步。雙手同時向前擠出，掌心斜朝裡（圖6-12）。

圖6-12

圖6－13　　　圖6－14　　　圖6－15　　　圖6－16

5. 按　式

雙手向兩邊分開，與肩同寬，同時臂內旋，使掌心相對。然後重心稍向後移，兩臂繼續內旋收至胸前，掌心斜朝前。接著重心前移，雙手向前按出，掌心朝下（圖6－13）。

第五式　單　鞭

1. 重心後移，雙手內收至胸前，同時臂內旋，掌心向內，手指朝上（圖6－14）。

2. 身體下沉，腰左轉，同時將右腳跟外撇，使腳尖朝南（圖6－15）。

3. 腰繼續左轉向東，左腳後退，腳尖外撇落步；接著將右腳跟外撇90°，使腳尖朝東，重心後移成左虛步（圖6－16）。

圖6-17　　　圖6-18　　　圖6-19　　　圖6-20

4. 左腳稍左移，腳尖朝西北；然後蹬右腳，成左弓步。雙手同時前掤，並兩臂內旋向左右分開，與肩同寬，掌心向前（圖6-17）。

第六式　提手上勢

1. 重心後移，雙手收至胸前（圖6-18）。

2. 腰稍右轉，重心左移。雙手向右稍移。然後將右腳收至左腳內側，腳尖點地。雙手同時左移，並稍作轉動，使手心上下相對，右手在下，手指朝前；左手在上，手指朝右（圖6-19）。

3. 右腳向右前上一步，然後重心右移。雙手同時向右上移動，並稍作轉動，使掌心左右相對，右手稍高，手指朝上（圖6-20）。

圖6-21　　　　圖6-22　　　　圖6-23　　　　圖6-24

第七式　白鶴亮翅

1. 重心左移，身體下沉，右腳收至左腳內側，腳尖點地。同時，將雙手向左下移動，並稍作轉動，使手心上下相對，右手在下，手指朝左；左手在上，手指朝前（圖6-21）。

2. 右腳上前一步，重心右移，再將左腳上前一步，成左虛步。雙手同時向右向上移動，並稍作轉動，使掌心左右相對，右手稍高，手指朝上（圖6-22）。

第八式　左摟膝拗步

1. 腰稍左轉，將左腳收至右腳內側，腳尖點地，再向右轉，並身體下沉。雙手隨身先向左，再向右下，掌心斜朝上（圖6-23）。

2. 身漸起，雙手上收，然後腰左轉向東，上左步，蹬

右腳，成左弓步。雙手同時先向左，再向前，右手置左手前上方，掌心朝左前（圖6-24）。

第九式　手揮琵琶

1. 雙手稍前伸，並稍作轉動，使右手掌心朝下，左手掌心朝上，右手在左手前上方。然後重心

圖6-25　　　圖6-26

後移，雙手同時回收，右手收到左手內側（圖6-25）。

2. 左腳收回半步，腳尖點地，成左虛步。同時，將雙手向上伸出，並稍作轉動，使掌心左右相對，左手稍高，手指朝上（圖6-26）。

第十式　左摟膝拗步

左腳不動，雙手向內，身體下沉，腰右轉。雙手隨身向右向下，掌心斜朝上（同圖6-23）。以下動作同第八式「左摟膝拗步」動作2。

第十一式　右摟膝拗步

1. 右腳收至左腳內側，腳尖點地，然後腰左轉，身體下沉。雙手隨身向左下，掌心斜朝上（圖6-27）。

圖6-27

2. 身漸起，雙手上收，然後腰右轉向東，上右步，蹬左腳，成右弓步。雙手同時先向右，再向前，左手置右手前上方，掌心朝右前（圖6-28）。

圖6-28　　　圖6-29

第十二式
左摟膝拗步

左腳收至右腳內側，腳尖點地。其他動作與第十式「左摟膝拗步」相同。

第十三式　手揮琵琶

動作與第九式「手揮琵琶」相同。

第十四式　左右摟膝拗步

動作與第十、十一式「左右摟膝拗步」相同。

第十五式　搬攔捶

1. 左腳收至右腳內側，腳尖點地，腰右轉。雙手掌心向內，隨身移向右側（圖6-29）。

2. 腰繼續右轉，右手向右，臂內旋，掌心朝外。接著身體下沉，右手變拳，繼續向下向前，運轉至右胯旁，臂外旋使拳心向內，左手掌對著右手隨之移動（圖6-30）。

圖6－30　　　圖6－31　　　圖6－32　　　圖6－33

3. 腰左轉，身漸起，左腳向前上一步成左弓步。雙手隨身向左再向前擊（圖6－31）。

第十六式　如封似閉

1. 右拳變掌，左手掌向內向前繞至右手下方，兩腕相交。同時，身體後坐，雙掌隨身後移（圖6－32）。

2. 左腳收至右腳內側，腳尖點地，身漸起。雙手收至胸前，掌心向內（圖6－33）。

3. 左腳上一步，蹬右腳成左弓步。與此同時，雙臂內旋，向前按出（圖6－34）。

圖6－34

第十七式　披　身

1. 身體後坐下沉，雙手臂外旋內收，掌心向內。然後腰右轉，雙手隨身右轉。左腳跟外撇落地，身漸起，右腳收回成小開步（圖6-35）。

2. 雙手同時向下、向兩側、向上運轉至頭部前上方。雙手向下時掌心向下，運至兩側時掌心向前，運至上部時掌心向內（圖6-36）。

圖6-35　　圖6-36

3. 雙手同時下按，身體下沉，類似起勢姿勢（圖6-37）。

第十八式　攬雀尾

動作同第三式「攬雀尾」。

第十九式　抱虎歸山

動作同第四式「掤攦擠按」。

圖6-37

第二十式　單　鞭

動作同第五式「單鞭」。

第二十一式 肘底看捶

1. 重心後移下沉，雙手收至胸前。然後重心前移，身體漸起，右腳收至左腳旁。右手向上穿至左手上方（圖6－38）。

2. 左腳上一步，身體後坐，成左虛步。右手從左手前面向下運至左肘下，並將掌漸變為拳，左手掌心斜朝左（圖6－39）。

第二十二式 左倒攆猴

1. 身體漸起，左腳收至右腳內側，腳尖點地。同時，將右拳變掌收至胸前，掌心向內；左臂外旋，掌心斜朝上（圖6－40）。

2. 左腳後退一步，身體稍沉，然後重心後移，身漸起，成右虛步。同時，右臂內旋，右手從左手掌上向前上方推出，掌心斜向左，左手掌心斜朝上（圖6－41）。

圖6－38　　圖6－39　　圖6－40　　圖6－41

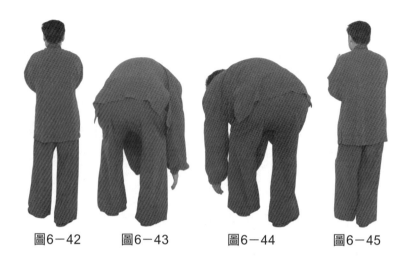

圖6-42　　　圖6-43　　　圖6-44　　　圖6-45

3. 腰左轉，右腳跟外撇，左腳跟內扣落地。雙手隨身向左移動，手心向內（圖6-42）。

4. 腰下彎。雙手向下落至右腳尖前，手心相對（圖6-43）。

5. 腰稍左轉。再將雙手移至左腳尖前（圖6-44）。

6. 身漸起。雙手順著左腿前面向上收至胸前。然後左腳收回，腳尖點地（圖6-45）。

第二十三式　左開合

1. 左腳上一步，重心前移成左弓步。同時，雙手向前掤出，然後臂內旋，兩手稍向兩邊分開，與肩同寬，掌心向前（圖6-46）。

2. 重心後移，兩臂外旋，雙手隨身收至胸前，掌心向內（圖6-47）。

圖6－46　　　圖6－47　　　圖6－48　　　圖6－49

第二十四式　右倒攆猴

　　1. 腰右轉，左腳跟外撇落地，重心移至左腳，右腳跟內扣，然後收至左腳內側，腳尖點地。雙手隨身移動（圖6－48）。

　　2. 右腳後退一步，身體稍沉。右臂外旋，掌心斜朝上。然後重心後移，身漸起，成左虛步。同時，左臂內旋，左手向前上方推出，掌心斜向右（圖6－49）。

　　3. 腰右轉，左腳跟外撇，右腳跟內扣落地。雙手隨身向右移動，手心向內（圖6－50）。

圖6－50

圖6-51

圖6-52

圖6-53

圖6-54

4. 腰下彎。雙手向下落至左腳尖前，手心相對（圖6-51）。

5. 腰稍右轉。再將雙手移至右腳尖前（圖6-52）。

6. 身漸起。雙手順著右腿前面向上收至胸前。然後右腳回收，腳尖點地（圖6-53）。

第二十五式 右開合

1. 右腳上一步，重心前移成右弓步。同時，雙手向前掤出，然後臂內旋，兩手稍向兩邊分開，與肩同寬，掌心向前（圖6-54）。

2. 重心後移，兩臂外旋，雙手隨身收至胸前，掌心向內。同時，將右腳收回，腳尖點地（圖6-55）。

第二十六式　斜飛勢

1. 右腳上前一步。雙手稍下沉，並將右手轉至左手下方，兩手心相對（圖6-56）。

2. 重心前移，右手向前上方穿出，掌心斜朝左上；左手隨之前移，稍低於右手，掌心斜朝右下（圖6-57）。

第二十七式　提手上勢

1. 重心後移，右腳收回，腳尖點地。同時，將雙手收至胸前（圖6-58）。

2. 雙手下落至腹前，身體稍沉，右腳上前一步，腳尖點地成右虛步（圖6-59）。

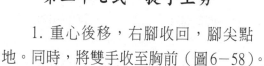

圖6-55

圖6-56　　圖6-57　　圖6-58　　圖6-59

圖6－60　　　　　　圖6－61　　　　　　圖6－62

3. 雙手收至胸前，左手繞至右手上方，掌心朝前下，兩掌相對（圖6－60）。

4. 右手向前上伸出，左手在後稍隨，兩掌心斜相對（圖6－61）。

第二十八式　白鶴亮翅

1. 腰左轉。右臂隨身向左收，掌心朝前下；左手隨之，掌心向內。右腳收至左腳內側，腳尖點地（圖6－62）。

2. 右腳向原位上步，腳尖內扣落地，腰繼續左轉向東，身體漸漸下沉，同時將重心移至右腳（圖6－63）。

3. 身體漸起，雙手隨之收到胸前。然後上左步成左虛步。左手稍向前，掌心向右；右手掌心斜向前，手指朝上（圖6－64）。

圖6-63　　圖6-64　　圖6-65　　圖6-66

第二十九式　左摟膝拗步

動作同第八式「左摟膝拗步」。

第三十式　海底針

1. 右腳稍向前跟進。雙手稍向前，然後重心後移，雙手回收至胸前。左腳稍向後回收，腳尖點地（圖6-65）。

2. 身體下沉，腰稍前彎。雙手隨身沉至腹前，掌心朝上（圖6-66）。

第三十一式　青龍出水

1. 身體漸起，雙手隨之收至胸前（圖6-67）。

圖6-67

圖6-68　　　　圖6-69　　　　圖6-70

2. 左腳上前一步，蹬右腳，成左弓步。雙手隨身向前向上舉起，再向兩邊稍分開，掌心斜朝下（圖6-68）。

第三十二式　翻身撇身捶

1. 重心後移，雙手收至胸前。然後腰右轉，左腳跟外撇落地，右腳跟內扣，腰下彎。雙手向下伸至左腳前面（圖6-69）。

2. 身漸起，腰右轉向西，右腳隨身向右落步，重心右移；左腳跟外撇落地，重心後移，成右虛步。與此同時，雙手隨身向上向右，經面前向右繞至胸前，漸將右手握拳，右手在前，拳心斜朝上，左手掌心朝前下（圖6-70）。

第三十三式　進步搬攔捶

1. 雙手同時翻掌，右拳變掌內旋使手心朝下，左手外

旋手心朝上，然後將雙手回攦至左胸前。右腳同時收至左腳內側，腳尖點地。左手內旋，使掌心朝前，右手變拳，拳心向裡（圖6−71）。

2. 右腳上前一步，腰右轉，左腳收至右腳內側稍前，腳尖點地。雙手隨身轉至右側（圖6−72）。

以下動作同第十五式「搬攔捶」動作2、3，不同之處只是右手已經變拳，而且前者是向東，此式是向西。

第三十四式　左開合

1. 重心後移，左腳收至右腳內側，腳尖點地。雙手收至胸前（圖6−73）。

2. 左腳上一步，重心前移成左弓步。同時，雙手向前掤出，然後臂內旋，兩手稍向兩邊分開，與肩同寬，掌心向前（圖6−74）。

圖6−71　　　圖6−72　　　圖6−73　　　圖6−74

3. 重心後移，兩臂外旋，雙手隨身收至胸前，掌心向內。同時，將左腳收至右腳內側，腳尖點地（圖6－75）。

第三十五式　攬雀尾

動作同第三式「攬雀尾」動作3。

第三十六式　掤攦擠按

動作同第四式「掤攦擠按」。

圖6－75

第三十七式　單　鞭

動作同第五式「單鞭」。

第三十八式　右雲手

1. 重心後移，雙手收至胸前，腰右轉，左腳跟外撇落地，右腳跟內扣。然後重心後移，再將雙手落至左腹前，手指朝下（圖6－76）。

2. 腰右轉向西，右腳隨身向右落步，重心前移，左腳跟外撇落地，重心再後移，成右虛步。雙手隨身移至腹前（圖6－77）。

3. 雙手稍作轉動，以左手在上領右手向上畫弧，雲至胸前時右手在前，掌心斜向內，左手在後，掌心斜向前（圖6－78）。

4. 雙手同時逆時針轉動，使左手在下，手心斜朝上；右手在上，手心朝前下；然後左手再向前伸，使左手在右

圖6-76　　圖6-77　　圖6-78　　圖6-79

手之前（圖6-79）。

第三十九式
右雙開合

1. 右腳收至左腳內側，腳尖點地。雙手隨身收至胸前（圖6-80）。

2. 右腳向右前（西北）上一步，重心前移成左弓

圖6-80　　圖6-81

步。同時，雙手向前掤出，臂內旋，兩手稍向兩邊分開，與肩同寬，掌心向前（圖6-81）。

3. 重心後移，兩臂外旋，雙手隨身收至胸前，掌心向

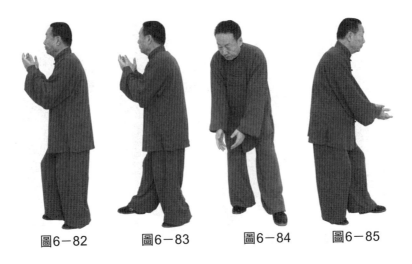

圖6-82　　　　圖6-83　　　　圖6-84　　　　圖6-85

內。同時，將右腳收回，腳尖點地（圖6-82）。

　　4. 重複動作2、3再做一個開合，但右腳不收回（圖6-83）。

第四十式　左雲手

　　1. 腰左轉，右腳跟外撇，左腳跟內扣。然後重心後移，再將雙手落至右腹前，手指朝下（圖6-84）。

　　2. 腰左轉，左腳隨腰向左落步，重心前移，右腳跟外撇，重心再後移，成左虛步。雙手隨腰運轉（圖6-85）。

　　3. 雙手稍作轉動，使右手在上領左手向上畫弧，雲至胸前時左手在前，掌心斜向內；右手在後，掌心斜向前（圖6-86）。

　　4. 雙手順時針旋轉，使右手在下，左手在上，然後右手向前伸出（圖6-87）。

圖6－86　　　圖6－87　　　圖6－88　　　圖6－89

第四十一式　左雙開合

動作與第三十九式「右雙開合」左右相反。左腳收至右腳內側，腳尖點地。雙手隨身收至胸前。然後左腳向左前（東北）上步，做一個開合，將左腳收回，腳尖點地。再做一個開合，但左腳不收回（圖6－88）。

第四十二式　右雲手

動作同第三十八式「右雲手」，但是沒有前面「重心後移，雙手收至胸前」的過渡動作（圖6－89）。

第四十三式　右雙開合

動作同第三十九式「右雙開合」。

第四十四式　單　鞭

動作同第五式「單鞭」之動作2、3、4。

第四十五式　高探馬

1. 右腳稍向前跟進落地，重心後移。右手收至胸前，掌心朝左下；左臂外旋，手心斜朝上（圖6－90）。

2. 左腳收至右腳內側，身漸起。右手向前上方推出，手心朝前下，手指朝左前，左手收至胸前（圖6－91）。

第四十六式　左右分腳

1. 左腳上一步，身體下沉。同時，將雙手向下落至腹前，掌心朝上（圖6－92）。

2. 身漸起，雙手收至胸前，掌心向內。同時，將右腿抬起（圖6－93）。

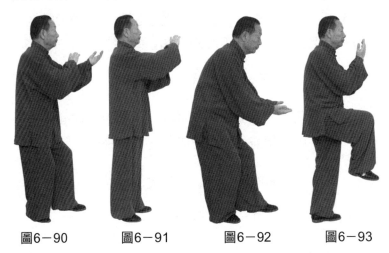

圖6－90　　　　圖6－91　　　　圖6－92　　　　圖6－93

圖6－94　　　圖6－95　　　圖6－96　　　圖6－97

3. 右腳向右前方向用腳面踢出。雙手同時內旋，向兩邊分開，掌心相對（圖6－94）。

4. 右腳收回落至左腳旁。雙手收至胸前，然後身體下沉，同時將雙手向下落至腹前，掌心朝上（圖6－95）。

5. 身漸起，雙手收至胸前，掌心向內。同時，將左腿抬起（圖6－96）。

6. 左腳向左前方向用腳面踢出。雙手同時內旋，向兩邊分開，掌心相對（圖6－97）。

第四十七式　轉身左開合

1. 左腳收回向後落步，腳尖點地。同時，將雙手收至胸前，掌心相對（圖6－98）。

2. 重心後移，左腳全腳落地，腰左轉朝西；同時將右腳尖內扣135度，左腳稍向左移。雙手在胸前隨身轉動

圖6－98　　　　圖6－99　　　　圖6－100　　　　圖6－101

（圖6－99）。

　　3. 身體下沉，雙手向下落至腹前，掌心向上（圖6－100）。

　　4. 身體漸起，雙手收至胸前。同時，將左腳收回，腳尖點地（圖6－101）。

　　5. 左開合。動作同第三十四式「左開合」的動作2、3。

第四十八式　箭步栽捶

　　1. 左腳上一前步，重心前移，然後抬右腿，左腳用力蹬地，使身體跳起，雙腳離地，右腳先落至左腳右側，左腳向前一步落地（圖6－102）。

　　2. 右手變拳，身體下沉，以右拳向前下擊出，左手與右拳相對（圖6－103）。

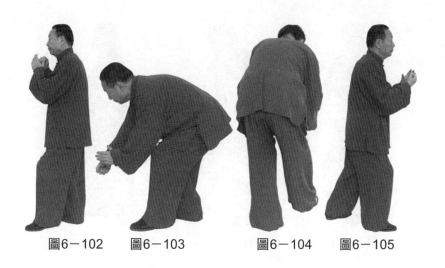

圖6-102　　圖6-103　　　圖6-104　　圖6-105

第四十九式　翻身撇身捶

1. 身體不起，左腳跟外撇，右腳跟內扣，向右轉身。雙手隨身而動（圖6-104）。

2. 身體漸起，繼續右轉向東，右腳向右移動落步，左腳跟外撇落地。右拳從腹前經胸前提起以拳背前擊，左手與右拳相對（圖6-105）。

第五十式　進步搬攔捶

1. 右腳尖外撇，左腳向前上一步，腰右轉。雙手隨身移向右側（圖6-106）。

2. 腰繼續右轉，右拳向右，臂內旋，使拳心向外，身體下沉，右拳向下向前運轉至右胯旁，同時臂外旋使拳心向內，左手掌對著右拳隨之移動（圖6-107）。

圖6-106　　　　圖6-107　　　　圖6-108

3. 腰左轉，身漸起，重心前移成左弓步。右拳隨身向左再向前擊，左手掌對著右拳隨之移動（圖6-108）。

第五十一式　二起腳

右腳向前向上用腳面踢出。同時，右拳變掌，向前拍擊腳面，左手稍前伸（圖6-109）。

第五十二式　左打虎

右腳落至左腳旁，左腳向左前方上一步，重心前移，成左弓步。與此同時，雙手變拳，向下向左向上再向右運至

圖6-109

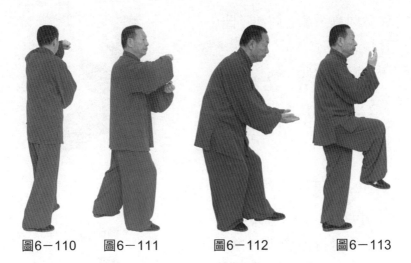

圖6−110　　　圖6−111　　　圖6−112　　　圖6−113

胸前，拳心上下相對，左拳在上（圖6−110）。

第五十三式　右打虎

　　右腳向右前方上一步，腰右轉，重心前移，成右弓步。與此同時，雙拳向下向右向上再向左運至胸前，拳心相對，右拳在上（圖6−111）。

第五十四式　右蹬腳

　　1. 左腳上前一步，身體下沉。與此同時，雙拳先收至胸前，拳心向內，然後兩拳變掌，隨身落至腹前，掌心向上（圖6−112）。

　　2. 身體漸起，雙手隨身收至胸前。同時，將右膝提起（圖6−113）。

　　3. 右腳向右前方蹬出。雙臂內旋，雙手向兩邊分開，

與肩同寬，掌心向前（圖6-114）。

第五十五式　右雙開合

動作同第三十九式「右雙開合」。

第五十六式　左蹬腳

左腳上一步，身體下沉。雙手隨身落至腹前，掌心向上，然後身體漸起，雙手隨身收至胸前。同時，將右膝提起，右腳向右前方蹬出。雙臂內旋，雙手向兩邊分開，與肩同寬，掌心向前（圖6-115）。

圖6-114

第五十七式　左雙開合

動作同第四十一式「左雙開合」。

圖6-115

第五十八式　轉身右雙開合

1. 身體稍沉，腰右轉，左腳向右落步，腳尖朝南。雙手隨身移動（圖6-116）。

2. 腰繼續右轉，同時先將右腳跟內扣，再將左腳跟外撇。雙手隨身移動（圖6-117）。

圖6-116　　　　圖6-117　　　　圖6-118

圖6-119

3. 腰繼續右轉，同時先將右腳轉向東南方向落步，再將左腳跟外撇。雙手隨身移動（圖6-118）。

4. 身體下沉，重心後移，將雙手落至右腳尖前，掌心朝上（圖6-119）。

5. 雙手順著右腿前面向上收至胸前。同時，將右腳收回，腳尖點地（圖6-120）。

6. 右雙開合，動作同第三十九式「右雙開合」，唯面部方向相反。

圖6-120

第五十九式　左蹬腳

動作同第五十六式「左蹬腳」。

第六十式　左雙開合

動作同第四十一式「左雙開合」。

第六十一式　雙風貫耳

1. 腰右轉，身體下沉。雙手隨身向右向下落至腹前，掌心斜向上（圖6-121）。

2. 身漸起，雙手隨身收至胸前變拳，拳心向內（圖6-122）。

3. 腰左轉，並將左腳收回，腳尖點地。雙拳隨身左轉，然後身體下沉，同時臂內旋，稍開即向內合，拳心相對（圖6-123）。

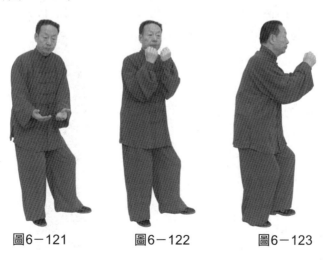

圖6-121　　　　圖6-122　　　　圖6-123

第六十二式　左蹬腳

身漸起，雙拳變掌，收於胸前。其餘動作同第五十六式「左蹬腳」。

第六十三式　左開合

左腳收回，腳尖點地。雙手收至胸前，以下動作同第二十三式「左開合」。

第六十四式　搬攔捶

動作同第十五式「搬攔捶」。

第六十五式　如封似閉

動作同第十六式「如封似閉」。

第六十六式　披　身

動作同第十七式「披身」。

第六十七式　攬雀尾

動作同第三式「攬雀尾」。

第六十八式　掤攦擠按

動作同第四式「掤攦擠按」。

第六十九式　斜單鞭

1. 重心後移，雙手內收至胸前，掌心向內。然後身體下沉，腰左轉，同時將右腳跟外撇，使腳尖朝南；再將左腳收回，腳尖點地，身體漸起（圖6－124）。

2. 左腳向左前（東南）上一步，蹬右腳，成左弓步。雙手同時前移掤按，兩臂內旋，向左右分開，與肩同寬，掌心向前（圖6－125）。

第七十式　右野馬分鬃

1. 重心後移，雙手收至胸前，掌心向內。然後腰右轉，左腳跟外撇落地，使腳尖朝西；接著將右腳收至左腳內側，腳尖點地。雙手相對轉動使左手在上，手心朝前下；右手在左手前下，手心斜朝上（圖6－126）。

圖6－124　　　　　圖6－125　　　　　圖6－126

2. 身體下沉，右腳上一步，然後身漸起，重心前移成右弓步。雙手隨身向前掤出，右手在前，掌心向內上；左手在後，掌心向前下（圖6-127）。

第七十一式　右開合

重心後移，將右腳收回，腳尖點地。雙手收至胸前，掌心向內。下面的動作與第二十五式「右開合」相同，但是右腳不收回（圖6-128）。

第七十二式　左野馬分鬃

1. 重心前移，左腳上至右腳內側，腳尖點地。雙手相對轉動使右手在上，手心朝前下；左手在右手前下，手心斜朝上（圖6-129）。

2. 身體下沉，左腳上一步，然後身漸起，重心前移成左弓步。雙手隨身向前掤出，左手在前，掌心向內上；

圖6-127　　　　圖6-128　　　　圖6-129

右手在後，掌心向前下（圖6-130）。

第七十三式　左開合

重心後移，將左腳收回，腳尖點地。雙手收至胸前，掌心向內。以下動作與第二十三式「左開合」相同。

圖6-130

第七十四式　右野馬分鬃

重心左移，右腳收至左腳內側，腳尖點地。雙手相對轉動使左手在上，手心朝前下；右手在左手前下，手心斜朝上。以下動作與第七十式「右野馬分鬃」動作2相同。

第七十五式　雙向右開合

動作與第七十一式「右開合」相同，方向是西北。接著將右腳收回，腳尖點地，然後腰左轉，右腳向西南方向上步做第二個開合，將右腳收回（圖6-131）。

第七十六式　左玉女穿梭

1. 腰右轉，身體下沉，然後腰左轉，左腳向左前方上一步。雙手隨身向右向下向左畫，掌心斜向上（圖6-132）。

2. 身體漸起，重心前移成左弓步。雙手向左前方（西南）推出，掌心相對（圖6-133）。

圖6-131　　　圖6-132　　　　圖6-133　　　圖6-134

第七十七式　左開合

重心後移，將左腳收回，腳尖點地。雙手收至胸前，掌心向內。下面的動作與第二十三式「左開合」相同。

第七十八式　右玉女穿梭

1. 身體下沉，腰右轉，左腳跟外撇落地，右腳跟內扣落地，重心後移（圖6-134）。

2. 腰繼續右轉，右腳向右後移步，身體漸起，重心前移成右弓步，左腳跟外撇落地。雙手向右前（東南）推出，掌心相對（圖6-135）。

圖6-135

第七十九式　右開合

動作與第七十一式「右開合」相同，只是朝東南方向進行（圖6-136）。

第八十式　左玉女穿梭

動作與第七十六式「左玉女穿梭」相同，只是方向相反，雙手穿向東北。

圖6-136

第八十一式　左開合

動作與第七十七式「左開合」相同，只是朝東北方向進行。

第八十二式　右玉女穿梭

動作與第七十八式「右玉女穿梭」相同，只是方向相反，由東北轉向西北。

第八十三式　雙向右開合

動作同第七十五式「雙向右開合」。

第八十四式　單　鞭

動作同第五式「單鞭」動作2、3、4。

第八十五式　右雲手

1. 重心後移，雙手收至胸前，掌心向內。腰右轉，左腳跟外撇落步，再將右腳收至左腳內側。雙手隨身移動（圖6－137）。

圖6－137

2. 腰稍左轉，再彎腰，雙手向下伸至左腳尖前面（圖6－138）。

3. 腰右轉，左腳跟隨轉腰外撇，右腳跟內扣。雙手隨腰轉至右腳尖前面（圖6－139）。

4. 身漸起，雙手從右側向上畫弧，雙手稍作轉動，使左手在上領右手跟進，雲至右上時雙手左右斜相對（圖6－140）。

5. 腰左轉，右腳跟隨腰外撇，左腳跟內扣，面向東

圖6－138

圖6－139

圖6－140

南,然後身體下沉成左虛步。
與此同時,雙手繼續向上畫
弧,右手運至頭部右側,掌心
朝前下;左手運至胸前再稍向
前伸,掌心向上(圖6-141)。

圖6-141

第八十六式　左雲手

腰右轉,身漸起,左腳跟
外撇落地,再將右腳收至左腳
內側。雙手收至胸前,掌心向
內,姿勢與圖6-137相同。

以下動作與第八十五式「右雲手」動作2、3、4、5
相同,唯左右相反。

第八十七式　右雲手

腰左轉,身漸起,右腳跟外撇落地,再將左腳收至右
腳內側。雙手收至胸前,掌心向內,以下動作與第八十五
式「右雲手」動作2、3、4、5相同。

第八十八式　單　鞭

1. 左腳收回。雙手收至胸前。腰左轉,左腳向東北方
向上步;同時,將右腳跟外撇,使腳尖朝東,然後蹬右
腳,成左弓步(圖6-142)。

2. 雙手同時前移掤按,兩臂內旋,稍向左右分開,與
肩同寬,掌心向前(圖6-143)。

圖6－142　　　圖6－143　　　圖6－144　　　圖6－145

第八十九式　下　勢

1. 將左腳收回，腳尖點地。雙手收至胸前，掌心向內（圖6－144）。

2. 左腳前移落步，身體下沉。雙手隨身落至左腳前，掌心向前上（圖6－145）。

第九十式　左開合

身漸起，雙手收至胸前，其餘動作與第二十三式「左開合」相同。

第九十一式　左金雞獨立

1. 左腳上前一步，身體下沉。雙手隨身落至腹前，掌心向上（圖6－146）。

圖6－146　　　　　圖6－147　　　　　圖6－148

2. 身漸起，雙手收至胸前，右腿跟著雙手向上提起，大腿抬平，小腿和腳尖自然下垂（圖6－147）。

3. 右腳向右前方以腳面踢出。雙手內旋稍分，掌心相對（圖6－148）。

第九十二式　右雙開合

動作同第三十九式「右雙開合」。

第九十三式　右金雞獨立

1. 左腳上前一步，身體下沉。雙手隨身落至腹前，掌心向上（圖6－149）。

2. 身漸起，雙手收至胸前。左腿跟著雙手向上提起，大腿抬平，小腿和腳尖自然下垂（圖6－150）。

3. 左腳向左前方以腳面踢出。雙手內旋稍分，掌心相

圖6－149　　　　　圖6－150　　　　　圖6－151

對（圖6－151）。

第九十四式　左雙開合

動作同第四十一式「左雙開合」。

第九十五式　左倒攆猴

動作同第二十二式「左倒攆猴」。

第九十六式　左開合

動作同第二十三式「左開合」。

第九十七式　右倒攆猴

動作同第二十四式「右倒攆猴」。

第九十八式　右開合

動作同第二十五式「右開合」。

第九十九式　斜飛勢

動作同第二十六式「斜飛勢」。

第一〇〇式　提手上勢

動作同第二十七式「提手上勢」。

第一〇一式　白鶴亮翅

動作同第二十八式「白鶴亮翅」。

第一〇二式　左摟膝拗步

動作同第二十九式「左摟膝拗步」。

第一〇三式　海底針

動作同第三十式「海底針」。

第一〇四式　青龍出水

動作同三十一式「青龍出水」。

第一〇五式　翻身撇身捶

動作同第三十二式「翻身撇身捶」。

第一○六式　進步搬攔捶

動作同第三十三式「進步搬攔捶」。

第一○七式　左開合

動作同第三十四式「左開合」。

第一○八式　攬雀尾

動作同第三十五式「攬雀尾」。

第一○九式　掤攦擠按

動作同第三十六式「掤攦擠按」。

第一一○式　單　鞭

動作同第三十七式「單鞭」。

第一一一式　右雲手

動作同第三十八式「右雲手」。

第一一二式　右雙開合

動作同第三十九式「右雙開合」，方向是西北。

第一一三式　左雲手

動作同第四十式「左雲手」。

第一一四式　左雙開合

動作同第四十一式「左雙開合」，方向是東北。

第一一五式　右雲手

腰右轉，左腳跟隨轉腰外撇，右腳跟內扣，然後重心後移。再將雙手落至左腹前。下面的動作與第三十八式「右雲手」動作2、3、4相同。

第一一六式　右雙開合

動作同第三十九式「右雙開合」，方向是正西。

第一一七式　左雲手

動作同第四十式「左雲手」。

第一一八式　左雙開合

動作同第四十一式「左雙開合」，方向是正東。

第一一九式　右雲手

動作同第一一五式「右雲手」。

第一二〇式　右雙開合

動作同第三十九式「右雙開合」，方向是西南。

第一二一式 左雲手

動作同第四十式「左雲手」。

第一二二式 左雙開合

動作同第四十一式「左雙開合」，方向是東南。

第一二三式 單 鞭

將左腳收回，腳尖點地，然後腰左轉，右腳跟隨腰外撇落地，重心後移成左虛步。下面的動作同第五式「單鞭」的動作4。

第一二四式 高探馬穿掌

1. 重心後移，將左腳收回，腳尖點地。雙手收至胸前，使左手在前下，手心朝上；右手在上，手心斜朝前（圖6－152）。

2. 身漸起，右腿直立。右手前推（圖6－153）。

3. 身體下沉，左腳上一步。同時，將右手落於左手背之下，手心向下，手指向左；左手指朝前上，然後重心前移，並將雙手向前穿出（圖6－154）。

圖6－152

圖6-153　　　　　圖6-154　　　　　圖6-155

第一二五式　轉身右雙開合

1. 重心後移，腰右轉，左腳跟隨轉腰外撇，重心左移，右腳跟內扣。雙手隨身向右，同時將右手翻朝上成十字手（圖6-155）。

2. 身漸起，腰右轉，右腳向右移動落步，重心右移，左腳跟外撇落地（圖6-156）。

3. 重心後移，身體彎腰下沉。雙手落至右腳尖前（圖6-157）。

4. 雙手從右腿上部收至胸前，並將右腳收回（圖6-158）。

5. 右雙開合。動作同第二十五式「右開合」，做兩個。

圖6－156　　　圖6－157　　　圖6－158

圖6－159　　　　　圖6－160

第一二六式　箭步指襠捶

1. 身體彎腰下沉，雙手落至腳前，手指朝下（圖6－159）。

2. 身稍起，右腳抬起。雙手從左向右拍右腳面（圖6－160）。

圖6-161　　　　　　圖6-162

3. 左腳蹬地跳起，接著右腳落地，左腳上一步。雙手從右腳面先向左再向右向下向左前畫弧，右手運至左手內側變拳（圖6-161）。

4. 重心前移成左弓步。右拳同時前擊，左手心向右（圖6-162）。

第一二七式　左開合

重心後移，左腳收回。雙手收至胸前。以下動作同第二十三式「左開合」。

第一二八式　攬雀尾

動作同第三式「攬雀尾」動作3。

第一二九式　掤攦擠按

動作同第四式「掤攦擠按」。

第一三○式　單　鞭

動作同第五式「單鞭」。

第一三一式　下　勢

動作同第八十九式「下勢」。

第一三二式　左開合

動作同第二十三式「左開合」。

第一三三式　上步七星

1. 腰先右轉，身再下沉。雙手隨身向右向下運轉，右手先是隨轉腰臂內旋，使掌心朝外，然後隨身體下沉臂外旋，同時雙手將掌變拳，拳心向內（圖6－163）。

2. 腰左轉，左腳上一步。雙手隨身運轉，右手伸至左手下，兩腕相交，拳心向前下。然後重心前移成左

圖6－163

圖6－164　　　　圖6－165　　　　圖6－166　　　　圖6－167

弓步，雙拳稍向前推出（圖6－164）。

第一三四式　　退步跨虎

1. 身漸起，右腳收至左腳內側，腳尖點地。雙拳收至胸前變掌，掌心向內（圖6－165）。

2. 右腳向右後退半步，身體下沉，重心右移。雙手同時右移（圖6－166）。

3. 身漸起，左腳提起再落，腳尖點地，成左虛步。雙手隨身運至胸前，手指朝上，掌心相對，左手稍前（圖6－167）。

第一三五式　　右蹬腳

動作同第五十四式「右蹬腳」。

第一三六式　右雙開合

動作同第三十九式「右雙開合」。

第一三七式　左蹬腳

動作同第五十六式「左蹬腳」。

第一三八式　左雙開合

動作同第四十一式「左雙開合」。

第一三九式　轉身右雙開合

動作同第五十八式「轉身右雙開合」。

第一四〇式　彎弓射虎

1. 將右腳收回，腳尖點地。雙手從左胸前向下落至腹前。同時，將右腳向右前方上一步（圖6－168）。

圖6－168

2. 腰稍右轉，重心前移成右弓步。雙手從身體右側一邊上舉，一邊使掌變拳，雙拳收至右肩前，拳心向裡（圖6－169）。

3. 腰左轉，雙拳向左前方擊出，拳心向下（圖6－170）。

圖6－169　　　　　圖6－170

第一四一式　左蹬腳

動作同第五十六式「左蹬腳」。

第一四二式　左雙開合

動作同第四十一式「左雙開合」。

第一四三式　搬攔捶

動作同第十五式「搬攔捶」。

第一四四式 左開合

動作同第三十四式「左開合」。

第一四五式 披身收勢

1. 腰右轉，左腳跟外撇落地，重心後移，身漸起，右腳收回成小開步。雙手隨身右轉（圖6－171）。

2. 雙手同時向下、向兩側、向上運轉至頭部前上方（圖6－172）。

3. 雙手同時下按，收至兩胯旁，恢復預備姿勢（圖6－173）。

圖6－171　　　　圖6－172　　　　圖6－173

第七章

楊班侯傳楊式炮捶

一、楊班侯傳四路炮捶動作名稱

1. 雙栽捶
2. 飛仙掌
3. 飛仙捶
4. 撩挎捶
5. 大鵬展翅
6. 童子抱球

二、楊班侯傳四路炮捶動作圖解

　　四路炮捶的六套動作，各有其獨立性，可以單獨練習，也可看做幾個短套路的組合，故而每套動作都以震腳為起勢，以恢復預備式為收勢，沒有固定的連續性。每套動作的預備式都和中架相同，如圖7-1所示，不再贅述。

第一式　雙栽捶

1. 左膝微屈，重心移向左腿，右足提起（圖7－2），周身略沉，震右腳。

2. 右前栽捶

兩腿伸直，右腳向身體右前側上半步，腳尖向西南方，兩腳略寬於肩，腰左轉再向右轉。與此同時，兩掌自兩胯旁變拳，向左向上向右弧形翻起，左拳背掠左臀部，上舉至頭頂；右拳運至左耳旁，兩拳心相對（圖7－3、圖7－4）。

接著，腰身前俯，兩拳向右腳外側下擊地面，拳面著地，拳心相對，兩拳間距一拳。兩腿伸直不要彎曲（圖7－5）。

3. 左前栽捶

兩拳隨腰挺起，腰向右轉再向左轉，重心移向右腿，

圖7－1　　　圖7－2　　　圖7－3　　　圖7－4

左腳向身體左前側上半步，腳尖向東南方。與此同時，兩拳向右向上向左弧形翻起，右拳背掠右臀部，上舉至頭頂；左拳運至右耳旁，兩拳心相對（圖7-6、圖7-7）。

接著，腰身前俯，兩拳向左腳外側下擊地面，拳面著地。兩腿伸直不要彎曲（圖7-8）。

圖7-5

4. 右後栽捶

兩拳隨腰挺起，腰向左轉再向右後轉身，面向正北。左腳尖內扣，重心移向左腿；右腳上半步，腳尖向東北方。與此同時，兩掌向左向上向右弧形翻起，左拳背掠左臀部，上舉至頭頂；右拳運至左耳旁，兩拳心相對（圖7-9、圖7-10）。

圖7-6　　圖7-7　　　圖7-8　　　圖7-9　　圖7-10

接著，腰身前俯，兩拳向右腳外側下擊地面，拳面著地。兩腿伸直不要彎曲（圖7－11）。

5. 左前栽捶

與動作3做法相同，只是方向相反，由東北轉向西北。

6. 右後栽捶

與動作4做法相同，只是方向相反，由西北轉向東南。

7. 兩拳隨腰胯挺起，右腳收於左腳旁，與肩同寬。兩拳變掌收至兩胯旁（圖7－12）。

該式可以反覆練習，從動作6緊接動作3，重複一遍，多做四個栽捶，以動作7結束。

第二式　飛仙掌

1. 左膝微屈，右足提起，周身略沉，震右腳。

2. 右飛掌

兩腿伸直，腰向左轉，左腳尖外撇，重心移向左腿；然後腰向右轉，左腿下蹲，右腳仆步向右前方邁出，腳尖向西南。與此同時，右掌向右向上向左向下畫一大圈，運至胸前，掌心向上；左掌向左向上向右畫弧，掠左臀部舉至頭頂，掌心向前下（圖7－13、圖7－14）。

接著，重心移向右腿，腰挺起。右掌向正南擊出，臂微屈，掌心向上，指尖向前，爆發力要強；左掌向下經胸前摟至左胯旁，掌心向下（圖7－15）。

3. 左飛掌

身體保持原來高度，腰先向右微轉，再向左轉向東，

右腳尖內扣，左腳向左前方仆步邁出一步，腳尖朝東北。
與此同時，左手向左向上向右向下畫一大圈，運至胸前，
掌心向上；右掌向下向右向上向左畫弧，掠左臀部舉至頭
頂，掌心向前下（圖7-16、圖7-17）。

圖7-11　　圖7-12　　圖7-13　　　　圖7-14

圖7-15　　　　圖7-16　　　　圖7-17

接著，重心移向左腿，腰挺起。左掌向正東擊出，臂微屈，掌心向上，指尖向前，爆發力要強；右掌向下經胸前摟至左胯旁，掌心向下（圖7－18）。

以上動作2、3，先要練熟。以下動作的手法與前面相同，只是步法有些變化。其手法的基本規律是：左手要從左邊向左向上向右向下逆時針畫一大圈，右手要從右邊向右向上向左向下順時針畫一大圈。左飛掌左手先畫，右飛掌右手先畫，然後從腹前擊出。另一隻手稍後畫，在前手擊出的同時落至胯旁。下面不再重複。

4. 轉身右飛掌

腰先向左微轉，再向右後轉向正西，左腳尖內扣。右腳仆步向右前方邁出一步，腳尖朝西北，然後將重心移向右腿。與此同時，右手隨身順時針畫，並向前擊出；左手逆時針畫，落於胯旁（圖7－19～圖7－21）。

圖7－18

5. 左飛掌

與動作3「左飛掌」做法完全相同，只是方向不同。前者是由南向東，該動作是由西向南。

6. 轉身右飛掌

與動作4「轉身右飛掌」做法完全相同，只是方向不同。前者是由東向西，該動作是由南向北。

圖7－19　　　　　　　　圖7－20

圖7－21

7. 左飛掌

與動作3「左飛掌」做法完全相同，只是方向不同。前者是由南向東，該動作是由北向西。

8. 轉身右飛掌

與動作4「轉身右飛掌」做法完全相同，只是方向不同。前者是由東向西，該動作是由西向東。

9. 左飛掌

與動作3「左飛掌」做法完全相同，只是方向不同。前者是由南向東，該動作是由東向北。

10. 轉身右飛掌

與動作4「轉身右飛掌」做法完全相同，只是方向不同。前者是由東向西，該動作是由北向南。

11. 重心移向左腿，右腳收回。兩掌收至兩胯旁，恢復預備姿勢（圖7－22）。

該式可以反覆練習，從動作10緊接動作3，再到動作11結束。

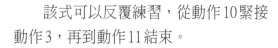

第三式　飛仙捶

飛仙捶的動作與飛仙掌做法基本相同，只是將掌變為拳。動作說明與圖片從略。

第四式　撩胯捶

1. 左膝微屈，右足提起，周身略沉，震右腳。

圖7－22

2. 右撩捶

左腳尖外撇，重心移向左腿，左腿下蹲，右腳仆步向右前方邁出，腳尖向西南。兩掌變拳，右拳向右向上向左運至左耳旁，拳心向裡，腋下保持一拳空隙（圖7－23）。

圖7－23

重心前移成右弓步。右肘尖掠地面經左足尖至右足尖弧形撩挎而起，右拳向下向前向上弧形翻至頭上，拳心向外；左拳經丹田提至胸前，拳心向上，臂內旋，用螺旋勁向正南擊出，拳面向前，拳眼向上，爆發力要強（圖7－24、圖7－25）。

圖7－24

圖7－25

3. 左撩捶

身體高度不變，左腿仆步向左前方邁出，腳尖向東南。左拳向右向上運至右耳旁，拳心向裡，腋下保持一拳空隙；右拳落至丹田處，拳心向上（圖7－26）。

重心前移成左弓步，左肘尖掠地面經右足尖至左足尖弧形撩挎而起，左拳向下向前向上弧形翻至頭上，拳心向外；右拳經丹田提至胸前，拳心向上，臂內旋，用螺旋勁向正南擊出，拳面向前，拳眼向上，爆發力要強（圖7－27、圖7－28）。

4. 轉身右撩捶

身體高度不變，腰右轉向西，左腳尖內扣，右腳收至左腳前側，再仆步向右前方邁出，腳尖向西北。右拳向左向上運至左耳旁，拳心向裡，腋下保持一拳空隙；左拳落至丹田處，拳心向上（圖7－29）。

圖7－26　　　　　　圖7－27

　　重心前移成右弓步，右肘尖掠地面經左足尖至右足尖弧形撩挎而起，右拳向下向前向上弧形翻至頭上，拳心向外；左拳經丹田提至胸前，拳心向上，臂內旋，用螺旋勁向正西擊出，拳面向前，拳眼向上，爆發力要強（圖7－30、圖7－31）。

圖7－28

圖7－29

圖7－30

圖7－31

5. 左撩捶

與動作3「左撩捶」做法相同，只是方向不同。前者向南，後者向西。

6. 轉身右撩捶

與動作4「轉身右撩捶」做法相同，只是方向不同。前者由東轉向西，後者由西轉向北。

7. 左撩捶

與動作3「左撩捶」做法相同，只是方向不同。前者向南，後者向北。

8. 轉身右撩捶

與動作4「轉身右撩捶」做法相同，只是方向不同。前者由東轉向西，後者由北轉向東。

9. 左撩捶

與動作3「左撩捶」做法相同，只是方向不同。前者向南，後者向東。

10. 轉身右撩捶

與動作4「轉身右撩捶」做法相同，只是方向不同。前者由東轉向西，後者由東轉向南。

11. 重心移向左腿，右腳收回。兩拳向身體兩側平舉，再合向胸前變掌，向下收至兩胯旁，恢復預備姿勢（圖7-32）。如不收勢可反覆練習。

圖7-32

第五式　大鵬展翅

本式按八卦方位運動。前為南、為火、為離；後為北、為水、為坎；左為東、為木、為震；右為西、為金、為兌。若不是面南起勢，則以八卦方位，前後左右仍為離坎震兌。

1. 左膝微屈，右足提起，周身略沉，震右腳。

2. 離向展翅

重心移向左腿，右腳向右橫邁一步，重心移至兩腿之間成馬步，兩個腳尖要和膝蓋方向一致。兩掌同時自兩胯旁內收至腹前，手心向上，左手在上（圖7-33）。然後雙手向兩側平舉，掌心朝下（圖7-34）。

腰向左轉，右腿屈膝下蹲，成左仆步。右掌向上翻起至頭上，掌心向上；左掌外旋，隨仆步下沉，掌心向上，落於左腿上部（圖7-35）。

圖7-33　　　　　　　　圖7-34

圖7-35　　　　　　　　　　圖7-36

　　腰向右轉，重心移向左腿，成右仆步。左掌向上翻起
至頭上，掌心向上；右掌外旋，隨仆步下沉，掌心向上，
落於右腿上部（圖7-36）。

3. 兌向展翅

　　身漸起，腰右轉向西，左腳尖內扣，重心移向左腿，
右腳收至左腳內側，再向右橫邁一步，重心移至兩腿之間
成馬步，兩個腳尖要和膝蓋方向一致。兩掌同時向內收至
腹前，手心向上，左手在上（圖7-37）。

　　雙手向兩側平舉。然後腰向左轉，右腿屈膝下蹲，成
左仆步。右掌向上翻起至頭上，掌心向上；左掌外旋，隨
仆步下沉，掌心向上，落於左腿上部（圖7-38）。

　　腰向右轉，重心移向左腿，成右仆步。左掌向上翻起
至頭上，掌心向上；右掌外旋，隨仆步下沉，掌心向上，
落於右腿上部（圖7-39）。

圖7-37　　　圖7-38　　　圖7-39　　　圖7-40

4. 坎向展翅

與動作3做法相同，只是由西轉向北進行。

5. 震向展翅

與動作3做法相同，只是由北轉向東進行。

6. 離向展翅

與動作3做法相同，只是由東轉向南進行。

7. 身漸起，重心移向左腿，右腳收回。兩掌向身體兩側平舉，再合向胸前，向下收至兩胯旁，恢復預備姿勢（圖7-40）。如不收勢可反覆練習。

第六式　童子抱球

1. 左膝微屈，右足提起，周身略沉，震右腳。

2. 離向抱球

兩掌向左右分開，掌心向上，舉至頭頂，掌心相對

圖7－41

（圖7－41）。

身體屈膝下蹲，腳跟掀起，兩膝外開。與此同時，兩掌似抱球狀，隨身向下經面前變指尖向下，掌心相對，沉至丹田處，然後臂外旋，掌心向前，向兩邊稍分開（圖7－42）。

身漸起，兩腳跟著地。兩掌從兩腳尖處左右分開，臂伸直，掌心向上，再上舉至頭頂，掌心相對；然後兩掌心轉向下，指尖相對，經面前按至兩胯旁，恢復預備式（圖7－43、圖7－44）。

3. 兌向抱球

腰右轉向正西方，左腳尖內扣，右腳向右橫跨半步，成為向西的預備姿勢。以下動作與動作2相同，只是方向不同。

圖7－42　　　　圖7－43　　　　圖7－44

4. 坎向抱球

腰右轉向正北方，左腳尖內扣，右腳向右橫跨半步，成為向北的預備姿勢。以下動作與動作2相同，只是方向不同。

5. 震向抱球

腰右轉向正東方，左腳尖內扣，右腳向右橫跨半步，成為向東的預備姿勢。以下動作與動作2相同，只是方向不同。

6. 離向抱球

腰右轉向正南方，左腳尖內扣，右腳向右橫跨半步，成為向南的預備姿勢。以下動作與動作2相同，只是方向不同。

如不收勢可反覆練習。

三、楊班侯傳十三路炮捶動作名稱

1. 預備式
2. 牆上掛畫
3. 前打白蛇吐芯
4. 後打老龍翻身
5. 左打鳳凰展翅
6. 右打金雞抖翎
7. 上打插花蓋頂
8. 下打枯樹盤根
9. 收　勢

四、楊班侯傳十三路炮捶動作圖解

第一式　預備式

面向正南，兩足與肩同寬。虛領頂勁，氣沉丹田，含胸拔背，沉肩垂肘，兩臂自然下垂，鬆腰胯，內固精神，外示安逸。眼向前平視，一任自然（圖7－45）。

第二式　牆上掛畫

1. 兩手向身體兩側分開，手心向上，再舉至頭頂，兩掌心相對，右掌變拳，雙手從胸前向下沉降，左掌在下，右拳在上；同時兩臂外旋，使拳心掌心都朝上，降至丹田處，左掌心和右拳背相擊，貼在一起。與此同時，左膝微屈，右足提起，震右腳（圖7－46、圖7－47）。

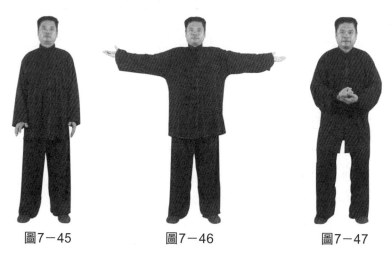

圖7－45　　　　　圖7－46　　　　　圖7－47

2. 兩腿伸直，腰向下彎。掌拳仍貼在一起，兩臂伸直，下沉於兩腳尖前地面，左手背著地（圖7－48）。

3. 腰挺起，雙足蹬地，用丹田氣將身軀向上提起，兩腿伸直，兩腳離地越高越好。同時，右拳變掌，兩掌自然垂於兩胯旁，指尖向下（圖7－49）。據傳，此乃楊班侯先生在北京與人比武打擂用過的「牆上掛畫」招式。按要求要將周身提起三米高，必須有深厚的內功才行。

第三式　前打白蛇吐芯

1. 隨兩腳著地，腰微右轉，重心移向右腿，左腳仆步向左前方邁出。兩掌變拳，左拳提至右耳旁，拳心向裡，腋下保持一拳空隙（圖7－50）。

2. 重心移向左腿，左肘尖掠地面經右足尖至左足尖弧形撩挎而起，左拳翻至頭上，拳心向外；右拳經丹田提至胸前，拳心向上，臂內旋，用螺旋勁向前擊出，拳面向

圖7－48　　　　圖7－49　　　　圖7－50

前，拳心向左，爆發力要強
（圖7－51）。

3. 身體高度不變，腰微左
轉，右腳收至左腳內側，再向
右前方邁出。左拳落下，右拳
提至右耳旁，拳心向裡，腋下
保持一拳空隙（圖7－52）。

4. 重心移向右腿，右肘尖
掠地面經左足尖至右足尖弧形
撩挎而起，右拳翻至頭上，

圖7－51

拳心向外；左拳經丹田提至胸前，拳心向上，臂內旋，用
螺旋勁向前擊出，拳面向前，拳心向右，爆發力要強（圖
7－53）。

5. 兩拳向下落至丹田處。身漸起，左腳收至右腳內
側。兩拳同時向兩側分開，兩臂伸直，弧形上舉至頭頂時

圖7－52

圖7－53

交叉，再落至胸前，左拳在外，右拳在
裡，拳心向裡（圖7－54）。然後右腿直
立，腰微左轉，左腳提起，向左前方蹬
出，爆發力要強。兩拳隨蹬腳向左右分
開變掌，掌心向外（圖7－55）。

　　6. 左腳收回落地，兩腳與肩同寬。
兩掌隨之落於兩胯旁變拳，腰胯右轉，
右拳背掠右臀部，兩拳同時向右向上弧
形翻起至頭頂。然後腰胯左轉，兩腿伸
直。兩拳同時向左腳外側下擊地面（圖
7－56）。

圖7－54

圖7－55　　　　　　　　　圖7－56

　　7. 腰身挺起，轉向正面，兩拳從兩胯旁分開，上舉至
頭頂，落於胸前交叉，右拳在外，拳心向裡。提右腳，
向右側蹬出。兩拳隨之左右分開變掌，掌心向外（圖7－

圖7－57　　　　　　　　　圖7－58

57、圖7－58）。

　　8. 右腳收回落地，兩腳與肩同寬。兩掌隨之落於兩胯旁變拳，腰胯左轉，左拳背掠右臀部，兩拳同時向左向上弧形翻起至頭頂。然後腰胯右轉，兩腿伸直。兩拳同時向右腳外側下擊地面（圖7－59）。

圖7－59

　　9. 腰身挺起，轉向正面，兩拳從兩胯旁分開，上舉至頭頂，落於胸前交叉，左拳在外，拳心向裡。提左腳，向正南蹬出。兩拳隨之左右分開變掌，掌心向外（圖7－60、圖7－61）。

　　10. 左腳向前（南）落地。兩掌隨之落於兩胯旁變拳，腰胯右轉，右拳背掠右臀部，兩拳同時向右向上弧形

翻起至頭頂。然後腰胯左轉，兩
拳同時向左腳外側下擊地面（圖
7-62）。

圖7-60

第四式　後打老龍翻身

身漸起，腰右轉向後
（北），左腳尖內扣，右腳向右
前方仆步邁出。左拳收至腹前，
右拳提至左耳旁，拳心向裡，腋
下保持一拳空隙（圖7-63）。

以下動作與第三式「前打白蛇吐芯」之動作2至動作
10基本相同，只是方向不同，而且是先打左拳，後打右
拳；先（向東）蹬右腳，後（向西）蹬左腳，再向北蹬右
腳。最後雙拳在右腳外側擊地。

圖7-61

圖7-62

圖7-63

圖6－64

第五式 左打鳳凰展翅

1. 身漸起，腰左轉向正南，右腳尖內扣，重心放在右腿，左腳向左前方（東南）邁出一步，重心移向左腿。兩拳收至腹前，左拳在外，然後兩拳用開勁向兩肩左右平行分開變掌，掌心向外，兩掌與兩肘同寬（圖7－64）。

2. 右腳收至左腳旁。兩掌同時收於胸前變拳，再向下從腹前向兩側分開上舉至頭頂，復落至胸前交叉，右拳在外（圖7－65）。然後提起右腿向右前方蹬出。兩拳向左右分開變掌，掌心向外（圖7－66）。

3. 右腳收回落地。兩掌落於兩胯旁變拳，腰左轉再向

圖7－65

圖7－66

右轉，兩拳從左向上經頭頂向右腳外側下擊地面（圖7－67）。

4. 身漸起，腰左轉，右腳向前（**西南**）邁出，重心移向右腿。兩拳收至腹前，右拳在外；然後兩拳用開勁向兩肩左右平行分開變掌，掌心向外，兩掌與兩肘同寬（圖7－68）。

5. 左腳收至右腳旁。兩掌同時收於胸前變拳，再向下從腹前向兩側分開上舉至頭頂，復落至胸前交叉，左拳在外（圖7－69）。然後提起左腿向左前方蹬出。兩拳向左右分開變掌，掌心向外（圖7－70）。

圖6－67

圖7－68　　　圖7－69　　　　　圖7－70

圖6−71

6. 左腳收回落地。兩掌落於兩胯旁變拳，腰右轉再向左轉，兩拳從右向上經頭頂向左腳外側下擊地面（圖7−71）。

第六式　右打金雞抖翎

1. 身漸起，兩拳變掌，掌心相對。腰左轉再右轉，右腳向身體右前側稍移，腳尖向西南。與此同時，左掌背掠左臀部，兩掌同時從左向上弧形上舉，經頭頂向右向下往右腳外側下插，兩掌間距一拳，指尖著地面（圖7−72、圖7−73）。

2. 身漸起，腰右轉再左轉，左腳向左前側邁出，腳尖向東南。與此同時，右掌背掠右臀部，兩掌同時從右向上弧形上舉，經頭頂向左向下往左腳外側下插，兩掌間距一

圖7−72

圖7−73

拳，指尖著地面（圖7-74、圖7-75）。

3. 身漸起，腰右轉，左腳尖內扣，腰身再向右後轉向北，右腳向右邁出，腳尖向東北。與此同時，左掌背掠左臀部，兩掌同時從左向上弧形上舉，經頭頂向右向下往右腳外側下插，兩掌間距一拳，指尖著地面（圖7-76、圖7-77）。

4. 與動作2做法相同，只是方向不同，左腳尖朝西北。

5. 與動作3做法相同，只是方向不同，右腳尖朝西南，定式同圖7-73。

第七式　上打插花蓋頂

1. 身漸起，面向正南，重心移向左腿，右腳回收，向右橫邁一步，腰身下沉，重心移向兩腿之間成馬步。與此同時，兩掌收至兩胯旁，向左右分開上舉至頭頂，兩掌心

圖7-74　　　圖7-75　　　圖7-76　　　圖7-77

相對，再變為掌心向下，指尖相對，隨馬步下沉經面部下按至丹田處（圖7－78）。

2. 保持馬步不變，兩掌從胸前向上翻起至頭頂，掌心向上，與肩同寬（圖7－79）。

3. 兩掌隨兩肩用抖勁向右抖動，再向左抖動（圖7－80、圖7－81）。

圖7－78

圖7－79

圖7－80

圖7－81

第八式 下打枯樹盤根

1. 腰右轉，身體下沉，重心移向左腿，成右仆步。雙手同時向下向右甩向身體的右後邊。然後以左腳掌為軸，右腿右腳和雙手隨身向左做一個360°的掃堂腿，右腳落回原地（圖7－82）。掃腿時也可以兩手撐地助力。

2. 雙手隨慣性甩向身體左後邊。同時，將重心移向右腿，成左仆步。然後以右腳掌為軸，左腿左腳和雙手隨身向右做一個360°的掃堂腿，左腳落回原地（圖7－83）。

圖7－82　　　　　　　圖7－83

第九式 收 勢

1. 重心移向兩腿之間成馬步，雙手落至兩胯旁，再向兩側分開，向上向內向下按至丹田處，掌心向下，指尖相對（圖7－84）。

圖7-84　　　　　圖7-85　　　　圖7-86

　　2. 保持馬步不變，兩掌從胸前向上翻起至頭頂，掌心向上，與肩同寬（圖7-85）。

　　3. 兩掌隨兩肩用抖勁向右抖動，再向左抖動，然後收至兩胯旁。重心移向左腿，右腳回收，恢復預備勢（圖7-86）。

五、楊班侯傳撩挎八卦掌動作圖解

　　「撩挎八卦掌」簡稱「撩挎掌」，是楊班侯傳的另一個單練套路。它近似於四路炮捶的「撩挎捶」，又不屬於炮捶。茲附於該章，以供練習。

第一式　預備式

　　與中架預備式相同（圖7-87）。

圖7-87　　圖7-88　　圖7-89　　圖7-90

第二式 起 勢

先做中架起勢，然後重心移向左腳，左膝微屈，右足提起，震右腳（圖7-88、圖7-89）。

第三式 右撩掌

1. 左腳尖外撇，重心移向左腿，左腿下蹲，右腳仆步向右前方邁出，腳尖向西南。右手向右向上向左運至左耳旁，掌心向裡，腋下保持一拳空隙。左手收至右手內側（圖7-90）。

2. 重心前移成右弓步。右肘尖掠地面經左足尖至右足尖弧形撩挎而起，右手向下向前向上弧形翻至頭上，掌心向外；左手經丹田提至胸前，掌心向上，臂內旋，掌心向外，指尖向上，隨弓膝，用螺旋勁向正南按擊，爆發力要

圖7－91　　　　　　　　圖7－92

強（圖7－91、圖7－92）。

3. 腰微右轉，左手收至胸前，掌心向下；右手外旋落至左掌之下，掌心向上，兩手掌心相對成抱球狀，右掌在前，左掌在後，向右膝外側下插（圖7－93）。

4. 兩手掌同時向上撩挎而起，右手掌心向左，與胸同高，左手在右肘內側（圖7－94）。

圖7－93　　　　　　　　圖7－94

第四式　左撩掌

1. 身體高度不變，左腿仆步向左前方邁出，腳尖向東南。左手向上向右運至右耳旁，掌心向裡，腋下保持一拳空隙；右手收至丹田處，掌心向上（圖7-95）。

圖7-95

2. 重心前移成左弓步。左肘尖掠地面經右足尖至左足尖弧形撩挎而起，左手向下向前向上弧形翻至頭上，掌心向外；右手經丹田提至胸前，掌心向上，臂內旋，掌心向外，指尖向上，隨弓膝，用螺旋勁向正南擊出，爆發力要強（圖7-96、圖7-97）。

3. 腰微左轉，右手收至胸前，掌心向下；左手外旋落

圖7-96

圖7-97

至右掌之下，掌心向上，兩手掌心相對成抱球狀，左掌在前，右掌在後，向左膝外側下插（圖7－98）。

4. 兩手掌同時向上撩挎而起，左手掌心向右，與胸同高，右手在左肘內側（圖7－99）。

圖7－98

第五式　轉身右撩掌

身體高度不變，腰右轉向西，左腳尖內扣，右腳收至左腳前側，再仆步向右前方邁出，腳尖向西北。右手向上向左運至左耳旁，掌心向裡，腋下保持一拳空隙；左手落至丹田處，掌心向上（圖7－100）。

圖7－99　　　　　　　圖7－100

以下動作與第三式「右撩掌」動作2至動作4做法相同。

第六式　左撩掌

與第四式「左撩掌」做法相同，只是方向不同。前者向南，後者向西。

第七式　轉身右撩掌

與第五式「轉身右撩掌」做法相同，只是方向不同。前者由東轉向西，後者由西轉向北。

第八式　左撩掌

與第四式「左撩掌」做法相同，只是方向不同。前者向南，後者向北。

第九式　轉身右撩掌

與第五式「轉身右撩掌」做法相同，只是方向不同。前者由東轉向西，後者由北轉向東。

第十式　左撩掌

與第四式「左撩掌」做法相同，只是方向不同。前者向南，後者向東。

第十一式　轉身右撩掌

與第五式「轉身右撩掌」做法相同，只是方向不同。

前者由東轉向西，後者由東轉向南。

第十二式　收　勢

重心移向左腿，右腳收回。兩掌向身體兩側平舉，再合向胸前，向下收至兩胯旁，恢復預備姿勢（圖7－101、圖7－102）。

如不收勢可反覆練習。

圖7－101　　　　　　　　圖7－102

附錄一

楊班侯傳太極拳九訣

【說明】

楊班侯所傳太極拳九訣，是楊班侯傳給牛連元的重要太極拳訣，楊式其他分支無傳。

牛連元（1851～1937），南方富商，往來於京津之間做生意。在京與楊班侯相識，並結為金蘭，進京多住楊班侯家，同時向班侯學藝十幾載，得班侯所傳太極拳「九訣」和「八十一式大功架」，頗有造詣。

1958年，牛連元的弟子吳孟俠、吳兆峰所著《太極拳九訣八十一式注解》（人民體育出版社，1958年3月第1版）首次公佈了太極拳九訣，在太極拳界頗有影響，被譽為「字字珠璣，句句錦繡」。

據吳孟俠先生的弟子喻承鏞講，《太極拳九訣八十一式注解》一書，還有兩訣尚未公開，其中的《五字經訣》和《亂環訣》，實為《五字雙訣》和《亂環雙訣》。喻承鏞先生擯棄保守陳規，欣然將另外兩訣提供給筆者。今按吳孟俠所著及喻承鏞所獻，公佈於後，同時將《太極拳九訣八十一式注解》中的《太極拳五個要領原文》一併錄出。

一、全體大用訣

太極拳法妙無窮，掤攦擠按雀尾生。
斜走單鞭胸膛占，回身提手把著封。
海底撈月亮翅變，挑打軟肋不容情。
摟膝拗步斜中找，手揮琵琶穿化精。
貼身靠近橫肘上，護中反打又稱雄。
進步搬攔肋下使，如封似閉護正中。
十字手法變不盡，抱虎歸山採挒成。
肘底看捶護中手，退行三把倒轉肱。
墜身退走扳挽勁，斜飛著法用不空。
海底針要躬身就，扇通臂上托架功。
撇身捶打閃化式，橫身前進著法成。
腕中反有閉拿法，雲手三進臂上攻。
高探馬上攔手刺，左右分腳手要封。
轉身蹬腳腹上占，進步栽捶迎面衝。
反身白蛇吐信變，採住敵手取雙瞳。
右蹬腳上軟肋踹，左右披身伏虎精。
上打正胸肋下用，雙風貫耳著法靈。
左蹬腳踢右蹬式，回身蹬腳膝骨迎。
野馬分鬃攻腋下，玉女穿梭四角封。
搖化單臂托手上，左右用法一般同。
單鞭下式順鋒入，金雞獨立占上風。
提膝上打致命處，下傷二足難留情。

十字腿法軟骨斷，指襠捶下靠為鋒。

上步七星架手式，退步跨虎閃正中。

轉身擺蓮護腿進，彎弓射虎挑打胸。

如封似閉顧盼定，太極合手式完成。

全體大用意為主，體鬆氣固神要凝。

二、十三字行功訣

1. 十三字

掤、攦、擠、按、採、挒、肘、靠、進、退、顧、盼、定。

2. 口　訣

掤手兩臂要圓撐，動靜虛實任意攻。

搭手攦開擠掌使，敵欲還著勢難逞。

按手用著似傾倒，二把採住不放鬆。

來勢兇猛挒手用，肘靠隨時任意行。

進退反側應機走，何怕敵人藝業精。

遇敵上前迫近打，顧住三前盼七星。

敵人逼近來打我，閃開正中定橫中。

太極十三字中法，精意揣摩妙更生。

三、十三字用功訣

逢手遇掤莫入盤，黏沾不離得著難。

閉掤要上採挒法，二把得實急無援。

按定四正隅方變，觸手即佔先上先。

攦擠二法趁機使，肘靠攻在腳跟前。

遇機得勢進退走，三前七星顧盼間。
周身實力意中定，聽探順化神氣關。
見實不上得攻手，何日功夫是體全。
操練不按體中用，修到終期藝難精。

四、八字訣法

三換二擺一擠按，搭手遇掤莫讓先。
柔裡有剛攻不破，剛中無柔不為堅。
避人攻守要採挒，力在驚彈走螺旋。
逞勢進取貼身肘，肩胯膝打靠為先。

五、虛實訣

虛虛實實神會中，虛實實虛手行動。
練拳不諳虛實理，枉費功夫終無成。
虛守實發掌中竅，中實不發藝難精。
虛實自有虛實在，實實虛虛攻不空。

六、亂環雙訣

1. 太極亂環訣

亂環術法最難通，上下隨合妙無窮。
陷敵深入亂環內，四兩千斤著法成。
手腳齊進橫豎找，掌中亂環落不空。
欲知環中法何在，發落點對即成功。

2. 三環九轉訣

太極三環九轉功，環環盤在手掌中。

變化轉環無定式，點發點落擠虛空。

見實不在點上用，空費工夫何日成。

七星環在腰腹主，八十一轉亂環宗。

七、陰陽訣

太極陰陽少人修，吞吐開合問剛柔。

正隅收放任君走，動靜變化何須愁。

生剋二法隨著用，閃進全在動中求。

輕重虛實怎的是，重裡現輕勿稍留。

八、十八在訣

掤在兩臂，擟在掌中，擠在手背，按在腰攻。採在十指，挒在兩肱，肘在屈使，靠在肩胸。

進在雲手，退在轉肱，顧在三前，盼在七星，定在有隙，中在得橫。

滯在雙重，通在單輕，虛在當守，實在必衝。

九、五字雙訣

1. 五字經訣【註】

披從側方入，閃展無全空，

擔化對方力，搓磨試其功。

歉含力蓄使，黏沾不離宗，

隨進隨退走，拘意莫放鬆。

拿閉敵血脈，扳挽順勢封，

軟非用拙力，掤臂要圓撐。

摟進圓活力，摧堅戳敵鋒，
掩護敵猛入，撮點致命攻。
墜走牽挽勢，繼續勿失空，
擠他虛實現，攤開即成功。

2. 輕重分勝負五字訣

雙重行不通，單輕反成功。
單雙發宜快，勝在掌握中。
在意不在力，走重不走空。
重輕終何在，蓄意似貓行。
隔方得相見，千斤四兩成。
遇橫單重守，斜角成方形。
踩定中誠位，前足奪後踵。
後足從前卯，放手便成功。
趁勢側鋒入，成功本無情。
輾轉急要快，力定在腰中。
捨直取橫進，得橫變正衝。
生剋隨機走，變化何為窮。
貪歉皆非是，丟捨難成名。
武本無善作，含情誰知情。
情同形異理，方為武道宏。
術中陰陽道，妙在五言中。
君問意何在，道成自然明。

太極拳五個要領原文

（一）六合勁

撐裹，鑽翻，螺旋，崩砟，驚彈，抖搜。

（二）十三法

掤攦，擠按，採挒，肘靠，進退，顧盼，定（中）；
正隅，虛實，收放，吞吐，剛柔，單雙，重（輕）。

（三）五　法

進法，退法，顧法，盼法，定法。

（四）八　要

掤要撐，攦要輕，擠要橫，按要攻，採要實，挒要
驚，肘要衝，靠要崩。

（五）全力法

前足奪後足，後足站前蹤，
前後成直線，五行主力攻。
打人如親嘴，手到身要擁，
左右一面站，單臂克雙功。

【註】

吳孟俠註：「這是二十字冠頂之訣，每五字一句。」「二十字冠頂」，就是用20個句首的字進行記憶的方法。在姚馥春、姜容樵著《太極拳講義》（1930年上海武學書局出版，見山西科學技術出版社2000年8月影印本）中，有乾隆抄本太極拳《二十字訣》一篇，全文如下：

> 披閃擔搓歉，黏隨拘拿扳。
> 軟掤摟催掩，撮墜續擠攤。

當時，人們以為這20個字是太極拳的技法或要領，但是無法理解。把《二十字訣》與楊班侯所傳《五字經訣》對比，才使人恍然大悟。原來，《二十字訣》是前輩們把《五字經訣》20個句子按第一字縮為20個字，以便記憶，故曰「冠頂」。姜容樵所錄《二十字訣》中的「續」字，當為「繼」字之誤。

由此可見，《五字經訣》在乾隆時代已有流傳，且有縮寫記憶之法，但因後來將原訣失傳，20句話只剩下20個字的縮寫了。顯然，楊班侯傳給牛連元的九訣，保留了長期失傳的太極拳訣的真貌。乾隆抄本《二十字訣》，也是牛連元所傳九訣的真實性的印證。

附錄二

李亦畬手抄太極拳譜（丁丑本）

【說明】

李亦畬手抄太極拳譜（丁丑本），是賈安樹先生珍藏的一本從未面世的太極拳譜，具有重要的史料價值。

李亦畬（1832～1892），武式太極拳創始人武禹襄的外甥和傳人。曾手抄太極拳譜三本，一本贈胞弟啟軒，一本贈弟子郝和，一本自藏，俗稱「老三本」。啟軒本抄於光緒六年（1880年），郝和本與自藏本抄於光緒七年（1881年）。老三本的價值，除了保存較多的古典拳論和武禹襄、李亦畬著作之外，還在其保留了幾種手抄本的原貌而體現了文獻的真實可靠性。

1935年，李亦畬之孫李槐蔭在太原出版了《廉讓堂太極拳譜》，公佈了啟軒本的內容，原件影印本未見面世。1982年，顧留馨在其《太極拳術》中公佈了郝和本全文的影印件。自藏本現存李亦畬的曾孫李旭藩處，尚未面世。

賈安樹藏本不知贈予何人，是由賈安樹的師伯林金聲傳給他的。其《太極拳小序》後署「光緒丁卯端陽日亦畬氏謹識於小書室之南牖下」，「卯」字旁注一「丑」字。

因為光緒朝沒有丁卯年，可能將丁丑誤抄為丁卯，後以旁註糾正。光緒丁丑，即光緒三年，西元1877年，比老三本稍早，顯然是「老三本」的初稿之一。該抄本對於研究「老三本」也有重要意義。比如其中《一時短打》的內容均不見於「老三本」。又如，該本的《打手要言》為第17篇，與前面第7篇（無標題，以「解曰」開頭）和第8、9、10篇（均以「又曰」為標題）顯然是單獨的五篇拳論，但在「郝和本」中，將《打手要言》放在上述四篇之前，致使有人將後四篇誤認為是《打手要言》的內容。

為了弘揚傳統文化遺產，現將該抄本影印件附後，同時用繁體字橫排版錄出，以饗讀者。

原件中有一些旁註的字，一部分是簡體字或同音字，顯然是某個收藏者為了識別而加入的。此次影印，將旁註的簡體字和同音字全部用電腦清除。另一部分是改錯或補充的字，很難說是李亦畬所加或收藏者所加，故而一律保留。

繁體橫排版的內容，除按影印件改正外，也參照郝和本和通行本改正和補充了一些明顯的錯漏之處，並作必要的校注，以便使其成為一個完整的文化遺產。

在2010年河北邯鄲太極拳峰會期間，賈安樹先生已將該抄本提供與會有關同志複印，後被複製線裝30冊，並添加了頁面邊框及頁碼，加蓋了今人印章。此舉對弘揚瑰寶有所貢獻，但將原件中有些改錯或補充的旁注也被清除，可能造成誤刪。該抄本的原貌，應以本書所附影印件為準。

太極拳譜

攬鵲尾。　單鞭。　提手上勢。　白鵝亮翅。

摟膝拗步。　手揮琵琶勢。　摟膝拗步。

手揮琵琶勢。　上步搬攬錘。　如封似閉。

抱虎推山。　單鞭。　肘底看錘。　倒輦候。

白鵝亮翅。　摟膝拗步。　三甬背。　上勢

攬鵲尾。　單鞭抎手。　高探馬。　左右起

十三勢架

十三勢架

攬鵲尾　單鞭　提手上勢　白鵝亮翅　摟膝拗步　手揮琵琶勢　摟膝拗步　手揮琵琶勢　上步搬攔捶(1)如封似閉　抱虎歸山(2)單鞭　肘底看捶　倒輦候(3)白鵝亮翅　摟膝拗步　三通背(4)上勢攬鵲尾　單鞭抎手(5)高探馬　左右起

【註】(1)原文為「搬攬錘」，後文用「搬攔錘」，「錘」今用「捶」，從今本統一用「搬攔捶」。

(2)最後一勢用「抱虎歸山」，從後者。

(3)原文為「候」，下頁同。保持原貌，待考。

(4)原文為「三甬背」，「甬」為「通」之借用。

(5)「抎」字今用「雲」，加提手似有新意，保持原貌。

脚　轉身蹬一足　踐步栽捶　翻身二起　披身踢一腳　轉身蹬一腳　上步搬攬捶　如封似閉　抱虎推山　斜單鞭野馬分鬃　單鞭　玉女穿梭　扐手　下勢　更雞獨立　倒輦候　白鵝亮翅　摟膝拗步　三甬背　上勢攬鵲尾　單鞭扐手　高探馬　十字擺蓮[1]

【註】

(1)原文為「連」，從今本用「蓮」。

上步指襠錘　上勢攬鵲尾　單鞭　下勢　上步七星　下步
跨虎　轉腳擺蓮(1)彎弓射虎　上步搬攔捶　抱虎歸山

【註】

(1)原文為「連」，從今本用「蓮」。

山右王宗岳太極拳論

太極者，無極而生，陰陽之母也。動之則分，靜之則
合，無過不及，隨曲就伸。人剛我柔謂之走，我順人背謂
之粘。動急則急應，動

緩則緩隨、雖變化萬端、而理唯一貫、由著
熟而漸悟懂勁、由懂勁而階及神明、然非
用力之久不能豁然貫通焉、虛領頂勁、氣
沉丹田、不偏不倚、忽隱忽現、左重則右虛、
右重則左杳、仰之則彌高、俯之則彌深、進
之則愈長退之則愈促、一羽不能加、蠅虫
不能落、人不知、我我獨知人、英雄所向無

緩則緩隨。雖變化萬端，而理唯一貫。由著熟而漸悟懂
勁，由懂勁而階及神明。然非用力之久，不能豁然貫通
焉。虛靈[1]頂勁，氣沉丹田；不偏不倚，忽隱忽現；左重
則右虛，右重則左杳。仰之則彌高，俯之則彌深；進之則
愈長，退之則愈促。一羽不能加，蠅蟲不能落；人不知
我，我獨知人。英雄所向無

【註】

(1)原文為「領」，旁注「靈」，似為抄者改動。

敵，蓋皆由此而及也。斯技旁門甚多，雖勢有區別，概不外壯欺弱，慢讓快耳；有力打無力，手慢讓手快，是皆先天自然之能，非關學力而有也。察「四兩撥千斤」之句，顯非力勝；觀耄耋禦眾之形，快何能為？立如秤準，活如車輪；偏沉則隨，雙重則滯。每見數[1]年純功，不能運化者，率皆自為人制，雙重之病

【註】

(1)「見數」二字顯為抄者從旁補入。

未悟耳。欲避此病，須知陰陽；粘即是走，走即是粘；陽不離陰，陰不離陽；陰陽相濟，方為懂勁。懂勁後，愈練愈精，默識揣摩，漸至從心所欲。本是捨己從人，多誤[1]捨近求遠。所謂「差之毫釐，謬之千里」。學者不可不詳辨焉。是為論。

身　法

【註】

(1)原文為「悞」，應為「誤」。

涵胸　拔背裏襠　護肫　提頂　吊襠　騰[1]挪　閃戰

刀　法

裏剪腕　外剪腕　挫腕　撩腕

槍　法

平刺心窩　斜刺膀尖　下刺腳面　上刺鎖項

【註】

(1)原文為「勝」，旁注「騰」，似為抄者改動。

行也合而言之曰十三勢

步左右顧右盼中定即金木水火土此五

即乾坤艮巽四斜角也此八卦也進步退

攦擠按即坎離震兌四正方也採捌肘靠

者棚攦擠按採捌肘靠進退顧盼定也棚

長拳者如長江大海滔滔不絕也十三勢

十三勢 一名長拳 一名十三勢

十三勢 一名長拳 一名十三勢

長拳者：如長江大海，滔滔不絕也。十三勢者，掤、
攦、擠、按、採、捌、肘、靠、進、退、顧、盼、定也。
掤攦擠按，即坎離震兌四正方也。採捌肘靠，即乾坤艮
巽四斜角也。此八卦也。進步、退步、左[1]顧、右盼、中
定，即金木水火土，此五行也。合而言之，曰十三勢。

【註】

(1)原文為「左右顧」，「右」字左上一點，為刪除意。

解曰：身雖動，心貴靜，氣須斂，神宜舒。心為令，氣
為旗，神為主帥，身為驅使，刻刻留意，方有所得。先在
心，後在身。在身則不知手之舞之足之蹈之。所謂一
氣呵成。捨己從人，引進落空，四兩撥千斤也。須知一動
無有不動，一靜無有不靜，視動猶靜，視靜猶動，內固精
神，外示安逸。須要從人，不要

【註】

(1)此段無標題，但與上文不連續，顯為另一篇。

(2)原件為「舞足之」，「足」字左上一點，為刪除意。

(3)原文多「呵成」二字，左上均有點，為刪除意。

由己從人則活由己則滯尚氣者無力養
氣者純剛彼不動己不動彼微動己先動
以己依人務要知己乃能隨轉隨接以己
粘人必須知人乃能不後不先精神能提
得起則無雙重之虞粘依能跟得靈方見
落空之妙往復須分陰陽進退須有轉合
機由己發力從人借發勁須上下相隨乃

由己；從人則活，由己則滯。尚氣者無力，養氣者純剛。彼不動，己不動；彼微動，己先動。以己依人，務要知己，乃能隨轉隨接；以己粘人，必須知人，乃能不後不先。精神能提得起，則無雙重之慮[1]；粘依能跟得靈，方見落空之妙。往復須分陰陽，進退須有轉合。機由己發，力從人借。發勁須上下相隨，乃

【註】

(1)原文為「虞」，當為「慮」之誤。

一往無敵立身須中正不偏能八面支撐靜
如山岳動若江河邁步如臨淵運勁如抽
絲蓄勁如張弓發勁如放箭行氣如九曲
珠無微不到運勁如百鍊鋼何堅不摧形
如搏兔之鵠神如捕鼠之貓曲中求直蓄
而後發收即是放連而不斷極柔軟然後
極堅剛能粘依然後能靈活氣以直養而

一往無敵；立身須中正不偏，能八面支撐。靜如山岳，動若江河。邁步如臨淵，運勁如抽絲，蓄勁如張弓，發勁如放箭。行氣如九曲珠，無微不到；運勁如百鍊鋼，何堅不摧。形如搏兔之鵠，神如捕鼠之貓。曲中求直，蓄而後發。收即是放，連而不斷。極柔軟，然後極堅剛；能粘依，然後能靈活。氣以直養而

斂入脊骨要靜內固精神外示安逸邁步

不靜視靜猶動視動猶動牽往來氣貼背

刻刻存心切記一動無有不動一靜無有

先在心後在身腹鬆氣斂入骨神舒體靜

又曰

亦知止能得矣

無害勁以曲蓄而有餘漸至物來順應是

無害，勁以曲蓄而有餘。漸至物來順應，是亦知止能得矣。

又　曰

先在心，後在身，腹鬆，氣斂入骨，神舒體靜，刻刻存心。切記一動無有不動，一靜無有不靜。視靜猶動，視動猶靜。動牽(1)往來，氣貼背，斂入脊骨，要靜(2)。內固精神，外示安逸。邁步

【註】

(1)「動牽」二字，早期通行本為「牽動」，待考。

(2)早期通行本無「要靜」二字，待考。

如貓行運勁如抽絲全身意在蓄神不在
氣在氣則滯有氣者無力無氣者純剛氣
如車輪腰如車軸

又曰

彼不動己不動彼微動己先動似鬆非鬆
將展未展勁斷意不斷

又曰

如貓行，運勁如抽絲。全身意在蓄神，不在氣，在氣則
滯。有氣者無力，無氣者純剛。氣如車輪，腰如車軸。

又　曰

彼不動，己不動，彼微動，己先動。似鬆非鬆，將展
未展。勁斷意不斷。

又　曰

每一動，唯手先著力，隨即鬆開。猶須貫串，不外起承轉合。始而意動，既而勁動，轉接要一線串成。氣宜鼓蕩，神宜內斂。勿使有缺陷處，勿使有凹凸處，勿使有斷續處。其根在腳，發於腿，主宰於腰，形於手指。由腳而腿而腰[1]，總須完整一氣。向前退後，乃得機得勢[2]，有不得機勢處，身便散亂，必至偏

【註】

(1)原文為「由腳而腰而腿」，據郝和本改正。

(2)原文為「得進勢」，「進」字左上一點，為刪除意。

倚其病必於腰腿求之上下前後左右皆

然凡此皆是意不是外面有上即有下有

前即有後有左即有右如意要向上即寓

意若物將掀起而加以挫之之力斯其根

自斷乃壞

十三勢行工歌訣

十三總勢莫輕識　命意源頭在腰隙

倚；其病必於腰腿求之，上下前後左右皆然，凡此皆是意，不是外面，有上即有下，有前即有後，有左即有右，如意要向上，即寓下[1]意，若物將掀起，而加以挫之之力，斯其根自斷，乃壞[2]之速而無疑。虛實宜分清楚，一處自有一處虛實，處處總此一虛實，周身節節貫串，勿令絲毫間斷耳。

【註】

(1)原文無「下」字，據郝和本補入。

(2)原文至此結束，以下文字據郝和本補入。

十三勢行工歌訣

十三總勢莫輕識，命意源頭在腰隙，

變轉虛實須留意，氣遍身軀不稍滯(1)。
靜中觸動動猶靜，因敵變化示(2)神奇，
勢勢存心揆(3)用意，得來不覺費工夫。
刻刻留心在腰間，腹內鬆靜氣騰然，
尾閭正中神貫頂，滿身輕利頂頭懸。
仔細留心向推求，屈伸開合聽自由，
入門引路須口授，工用無息法自修(4)。

【註】(1)原文為「癡」，旁注「滯」，似為抄者改動。

(2)原文為「是」，旁注「示」，似為抄者改動。

(3)原文為「撥」，旁注「揆」，似為抄者改動。

(4)原文為「休」，旁注「修」，似為抄者改動。

若言體用何為準，意氣君來骨肉臣，
詳推用意終何在？益壽延年不老春。
歌兮歌兮百四十，字字真切義無疑，
若不向此推求去，枉費工夫遺歎息[1]！

走架打手行工要言

昔人云：「能引進落空，能四兩撥千斤；不能引進落空，不能四兩撥千斤」，語甚賅括[2]，初學未由領

【註】

(1)原文為「惜」，旁注「息」，似為抄者改動。

(2)原文為「話」，旁注「賅括」二字，似為抄者改動。

悟，予加數語以解之，俾有志斯技者得所從入，庶日進有功矣。欲要引進落空四兩撥千斤，先要知己知彼。欲要知己知彼先要捨己從人。欲要捨己從人先要得機得勢先要周身一家。欲要周身一家先要身無有缺陷。欲要身無有缺陷先要神氣鼓盪。欲神要神氣鼓盪先要提起精神神

悟；予加數語以解之，俾有志斯技者，得所從入，庶日進有功矣。欲要引進落空，四兩撥千斤，先要知己知彼。欲要知己知彼，先要捨己從人。欲要捨己從人，先要得機得勢。欲要得機得勢(1)，先要周身一家。欲要周身一家，先要周身無有缺陷。欲要周身無有缺陷，先要神氣鼓盪。欲要(2)神氣鼓盪，先要提起精神，神

【註】

(1)原文無「欲要得機得勢」句，據郝和本補入。

(2)原文為「欲神要」，「神」字左上一點，為刪除意。

開開中寓合觸之旋轉自如無不得力才
則俱靜靜是合合中寓開動則俱動是
腿相隨勁由內換收便是合放即是開靜
在兩肩主宰在腰上於兩膊相繫下於兩
沈勁起於腳根變換在腿含蓄在胸運動
骨先要兩股前節有力兩肩鬆開氣向下
不外散欲要神不外散先要神氣收斂入

不外散。欲要神不外散，先要神氣收斂入骨。欲要神氣收斂入骨[1]，先要兩股前節有力。兩肩鬆開，氣向下沉，勁起於腳跟，變換在腿，含蓄在胸，運動在兩肩，主宰在腰。上與兩膊相繫，下與兩腿相隨。勁由內換，收便是合，放即是開，靜則俱靜，靜是合，合中寓開，動則俱動，動是開，開中寓合。觸之旋轉自如，無不得力，才

【註】

(1)原文無「欲要神氣收斂入骨」句，據郝和本補入。

能引進落空四兩撥千斤平日走架是知

己工夫一動勢先問自己周身合上數項

不合少有不合即速改換走架所以要慢

不要快打手是知人工夫動靜固是知人

仍是問己自己安排得好人一挨我我不

動彼絲毫趁勢而入彼自跌出如自己有

不得力處便是雙重未化要於腰腿求之

　　能引進落空，四兩撥千斤。平日走架，是知己功夫，一動勢，先問自己周身合上數項不合，少有不合，即速改換，走架所以要慢不要快。打手是知人功夫，動靜固是知人，仍是問己，自己安排得好，人一挨我，我不動彼絲毫，趁勢而入，接定彼勁(1)，彼自跌出。如自己有不得力處，便是雙重未化，要於腰腿求之。

【註】

(1)正文無「接定彼勁」四字，似為抄者從旁插入。

所謂知己知彼百戰百勝也

胞弟啟軒

常以毬譬之如置毬於平坦人自莫
可攀躋強臨其上向前用力後跌向後用
力前跌罕譬其明細揣其理非舍己從人
一身一家之明證乎得此一譬引進落空
四兩撥千斤之理可盡人而明矣

所謂「知己知彼，百戰百勝」也。

胞弟啟軒

常以毬譬之，如置毬於平坦，人自莫可攀躋。強臨其上，向前用力後跌，向後用力前跌。譬喻[1]甚明。細揣其理，非捨己從人，一身一家之明證乎。得此一譬，引進落空，四兩撥千斤之理，可盡人而明矣。

【註】

(1)原文為「罕譬」，據廉讓堂本改正。

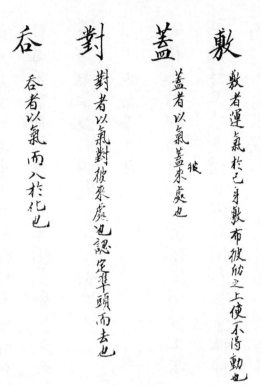

敷：敷者，運氣於己身，敷布彼勁之上，使不得動也。

蓋：蓋者，以氣蓋彼來處也。

對：對者，以氣對彼來處也，認定準頭而去也。

吞：吞者，以氣而入於化也。

此四字無形無聲，非懂勁後，練到極精地位者，不能知。全是以氣言，能直養其氣而無害，始能施於四體。四體⑴不言而喻矣⑵。

太極拳小序

太極拳不知始自何人，其精微巧妙，王宗岳論詳且盡矣。傳至河南陳家溝陳姓⑶，神而明者，代不數人。我郡南關楊某，愛而往

【註】(1)原文無「四體」二字，據郝和本補入。

(2)原文為「喻具矣」，「具」字左畫圈，為刪除意。

(3)原文「性」字顯為「姓」之誤。

焉專心致志十有數年備極精妙旋里後
示諸同好母舅武禹襄見而好之常與比
較伊不肯輕以授人僅能得其大概素聞
豫省懷慶府趙堡鎮有陳姓名清平者精
於是技逾年母舅因公赴豫省過而訪之
焉研究月餘而精妙始得神乎技矣予自
咸豐癸丑時年二十餘始從母舅學習此

焉。專心致志，十有數年，備極精妙。旋里後，示諸同
好，母舅武禹襄見而好之，常與比較，伊不肯輕以授人，
僅能得其大概。素聞豫省懷慶府趙堡鎮，有陳姓名清平
者，精於是技，逾年，母舅因公赴豫省，過而訪之焉。研
究月餘，而精妙始得，神乎技矣。予自咸豐癸丑，時年二
十餘，始從母舅學習此

技口授指示不遺餘力奈予質最魯二十
餘年來僅得皮毛竊意其中更有精巧茲
僅以所得筆之於後名曰五字訣以識不
忘所學云光緒丁卯[丑]端陽日亦畬氏謹識
於小書室之南牖下

　　　五字訣

一曰心靜心不靜則不專一舉手前後左

技，口授指示，不遺餘力，奈予質最魯，二十餘年來，僅得皮毛，竊意其中更有精巧。茲僅以所得筆之於後，名曰「五字訣」，以識不忘所學云。光緒丁丑[1]端陽日亦畬氏謹識於小書室之南牖下。

【註】

(1)原文為「丁卯」，「卯」旁註「丑」字。因光緒朝沒有丁卯年，顯為誤筆，後以旁注改正。

五字訣

一曰心靜。心不靜則不專，一舉手，前後左

右全無定向，故要心靜。起初舉動，未能由己，要息心體認，隨人所動，隨屈就伸，不丟不頂，勿自伸縮。彼有力我亦有力，我力在先；彼無力我亦無力，我意仍在先。要刻刻留心，挨何處心要用在何處，須向不丟不頂中討消息。從此做去，一年半載，便能施於身。此全是用意，不是用勁，久之則人為我制，

我不為人制矣

二曰身靈身滯則進退不能自如故要身

靈舉手不可有呆像彼之力方礙我皮毛

我之意已入彼骨裏兩手支撐一氣貫串

穿左重則左虛而右已去右重則右虛而

左已去氣如車輪周身俱要相隨有不相

隨處身便散亂便不得力其病於腰腿求

我不為人制矣。

　　二曰身靈。身滯則進退不能自如，故要身靈，舉手不可有呆像，彼之力方礙我皮毛，我之意已入彼骨裡。兩手支撐，一氣貫串[1]。左重則左虛，而右已去；右重則右虛，而左已去。氣如車輪，周身俱要相隨，有不相隨處，身便散亂，便不得力，其病於腰腿求

【註】

(1)原文為「貫串穿」，「穿」左畫圈，為刪除意。

務使氣斂入脊骨呼吸通靈周身罔間吸

三曰氣斂氣勢散漫便無含蓄身易散亂

處恰合工彌久而技彌精矣

錯權彼來之長短毫髮無差前進後退處

人手上便有分寸秤彼勁之大小分厘不

由己仍是從人由己則滯從人則活能從

之先以心使身從人不從己後身能從心

之。先以心使身，從人不從己。後身能從心，由己仍是從人。由己則滯，從人則活。能從人，手上便有分寸。秤彼勁之大小，分厘不錯；權彼來之長短，毫髮無差。前進後退，處處恰合，工彌久而技彌精矣。

三曰氣斂。氣勢散漫，便無含蓄，身易散亂，務使氣斂入脊骨。呼吸通靈，周身罔間。吸

為合為蓄呼為開為發蓋吸則自然提得起亦得人起呼則自然沉得下亦放得人出此是以意運氣非以力使氣也

四曰勁整一身之勁練成一家分清虛實發勁要有根源勁起於腳根主於腰間行於手指發於脊背又要提起全付精神於彼勁將出未發出之際我勁已接入彼勁恰好不後不先如皮燃火如泉湧出前進後退無絲毫散亂曲中求直蓄而後發方能隨手奏效此謂借力打人四兩撥千斤也

五曰神聚上四者俱備總歸神聚神氣則一氣鼓鑄鍊氣歸神氣勢騰挪精神貫注開

為合為蓄，呼為開為發，蓋吸則自然提得起，亦拿[1]得人起，呼則自然沉得下，亦放得人出。此是以意運氣，非以力使氣也。

四曰勁整。一身之勁，練成一家，分清虛實。發勁要有根源，勁起於腳跟，主於腰間，形[2]於手指，發於脊背，又要提起全副精神，於彼勁將出[3]未發出之際，我勁已接入彼勁，恰好不後不先，如皮燃火，如泉湧出。前進後退，無絲毫散亂，曲中求直，蓄而後發，方能隨手奏效[4]。此謂「借力打人，四兩撥千斤」也。

五曰神聚。上四者俱備，總歸神聚。神聚則一氣鼓鑄，煉氣歸神，氣勢騰挪。精神[5]貫注，開

【註】

(1)原文為空格，郝和本為「挐」，今作「拿」。

(2)原文為「行」，顯為「形」之誤。

(3)原文為「將出來」，「來」左加點，為刪除意。

(4)原文多一「效」字，左加點，為刪除意。

(5)正文無「神」字，旁註不清，據郝和本校對。

合有致虛實清楚左虛則右實右虛則左

實虛非全然無力氣勢要有騰挪實非全

然占煞精要貴實注緊要全在胸中腰間

運化不在外面力從人借氣由脊發胡能

氣由拳發氣向下沉由兩肩收於脊骨注

於腰間此氣由上而下也謂之合由腰行

於脊骨布於兩膊施於手指此氣由下而

上也謂之開合便是收開即放是放能懂

浮開合便知陰陽到此地位工用一日技

精一日漸至從心所欲固不如意矣

擎引鬆放

擎起彼身借彼力　中有靈字

引到身前勁始蓄　中有斂字

　　合有致，虛實清楚。左虛則右實，右虛則左實。虛非全然無力，氣勢要有騰挪；實非全然占煞，精神(1)要貴貫注。緊要全在胸中腰間運化，不在外面。力從人借，氣由脊發。胡能氣由脊發？氣向下沉，由兩肩收於脊骨，注於腰間，此氣之由上而下也，謂之合。由腰行於脊骨，布於兩膊，施於手指，此氣由下而上也，謂之開。合便是收，開即(2)是放。能懂得開合，便知陰陽。到此地位，工用一日，技精一日，漸至從心所欲，罔不如意矣。

　　【註】

　　(1)原文缺「神」字，據郝和本補入。

　　(2)原文為「開即放」，「放」字左加點，為刪除意。

　　擎引鬆放

　　擎起彼身借彼力。中有靈字。

　　引到身前勁始蓄。中有斂字。

鬆開我的勿使屈中有靜字

救時腰腳認端的中有整字

拳引鬆救四字有四不能腳手不隨不能

身法散亂為不能一身不成一家者不能掤

神不圓聚者不能斂聚此境須避此病不

然雖終身由之咒莫明其妙

打手要言

解曰以心行氣務沉著乃能收斂入骨所

謂命意源頭在腰隙也意氣須換得靈乃

有圓活一趣所謂變轉虛實須留意也立

身中正安舒支撐八面行氣如九曲珠無微

不到所謂氣遍身軀不稍癡也發勁須沉著

鬆靜專注一方 所謂靜中觸動動猶靜也

牡復須

鬆開我勁勿使屈。中有靜字。

放時腰腳認端的。中有整字。

「擎、引、鬆、放」四字有四不能：腳手不隨者不能；身法散亂者不能；一身不成一家者不能；精神不團聚者不能。欲臻此境，須避此病。不然，雖終身由之，究莫明其妙。

打手要言

解曰：以心行氣，務令沉著，乃能收斂入骨。所謂「命意源頭在腰隙」也。意氣須換得靈，乃有圓活之趣，所謂「變轉虛實須留意」也。立身中正安舒，支撐八面；行氣如九曲珠，無微不到，所謂「氣遍身軀不稍癡」也。發勁須沉著鬆靜，專注一方，所謂「靜中觸動動猶靜」也。往復須

有摺疊進退須有轉換、所謂因敵變化神奇也

曲中求蓄而後發 所謂蓄勁如張弓用意列之留

心在腰間凡 精神提得起則無遲重之虞 所謂

腹內鬆靜氣騰然也 此虛領頂勁氣沉丹田不偏

不倚 所謂尾閭正中神貫頂 滿身輕利頂頭懸也

以氣運身務順遂乃能便利從心 所謂屈伸

開合聽自由也 心為令氣為旗 神為主帥身

為驅使 所謂意氣君來骨肉臣也

掤攦擠按須認真 上下相隨人難進

任他巨力來打我 牽動四兩撥千斤

引進落空合即出 粘連黏隨不丟頂

打手撒放

掤 上平 業〈入声〉 噫〈上声〉 咳〈入声〉 呼〈上声〉 吭 阿 哈

有摺疊，進退須有轉換，所謂「因敵變化示[1]神奇」也。
曲中求直，蓄而後發，所謂「勢勢存心揆[2]用意，刻刻留
心在腰間」也。精神提得起，則無遲重之慮[3]，所謂「腹
內鬆靜氣騰然」也。虛靈[4]頂勁，氣沉丹田，不偏不倚，
所謂「尾閭正中神貫頂，滿身輕利頂頭懸」也。以氣運
身，務順遂，乃能便利從心，所謂「屈伸開合聽自由」
也。心為令，氣為旗，神為主帥，身為驅使，所謂「意[5]
氣君來骨肉臣」也。

打手歌[6]

掤攦擠按須認真，上下相隨人難進。

任他巨力來打我，牽動四兩撥千斤。

引進落空合即出，粘連黏隨不丟頂。

【註】

(1)原文無「示」字，據郝和本補入。

(2)正文為「撥」，旁注改為「揆」。

(3)原文為「虞」，當為「慮」之誤。

(4)原文為「領」，旁注改為「靈」。

(5)原文為「義」，當為「意」之誤。

(6)原文無標題，據郝和本補入。

打手撒放

掤，上平。業，入聲。噫，上聲。咳，入聲。呼，上
聲。吭。呵。哈。

十三杆

崩一杆　青龍出水　童子拜觀音

餓虎撲食　攔路虎　拗步　邪披

風掃梅　中軍入隊　宿鳥入巢　敗

势　狸貓撲鼠　手回琵琶势

　一時短打

通面飛仙掌　順手飛仙掌　推心掌

推面掌　横攔肘　穿心肘　裡拗肘　外拗肘　左採手

右採手　裡靠外靠　十字靠　火星

靠　铁身靠　格手備風　雙風打耳

火焰鑽心　柚裡一点紅　十字跌

冲天砲　推肘跌　軟手提砲　拗攔

棚打　果邊砲　底鸞高取　不遮不

架打　伯王開弓　朝天一柱香　玉女

棒盒　搯指尋父　桓侯擂鼓　童子

十三杆

崩一杆　青龍出水　童子拜觀音　餓虎撲食　攔路虎　拗步　邪披　風掃梅　中軍入隊　宿鳥入巢　敗勢　狸貓撲鼠　手揮[1]琵琶勢

【註】

(1)原文為「回」，當為「揮」之誤。

一時短打

迎面飛仙掌　順手飛仙掌　推心掌　推面掌　橫攔肘　裡栓肘　穿心肘　外栓肘　左採手　右採手　裡靠外靠　十字靠　七星靠　鐵身靠　格手倘風　雙風貫耳　火焰鑽心　袖裡一點紅　十字跌　沖天炮　推肘跌　軟手提砲　拗擄攔　搠打　果邊砲　底驚高取　不遮不架　霸王開弓[1]朝天一炷香[2]玉女捧盒　掐指尋父　桓侯擂鼓　童子

【註】

(1)原文為「伯王開弓」，「伯王」即「霸王」。

(2)原文為「一柱香」，「柱」當為「炷」之誤。

拜觀音　裏丟手　斬手　開門跌扇
子　單鑾炮　前手順前成往裡綀
不天砲　左手順左腳往上沖打　單
顆破主　打圪膊　肚裏圪膊根

拜觀音　裡丟手　斬手　閉門跌扇子　單鑾炮　前手順前
腳往裡跌　沖天炮　左手順左腳往上沖打　單打圪膊　肚
裏圪膊根

歡迎至本公司購買書籍

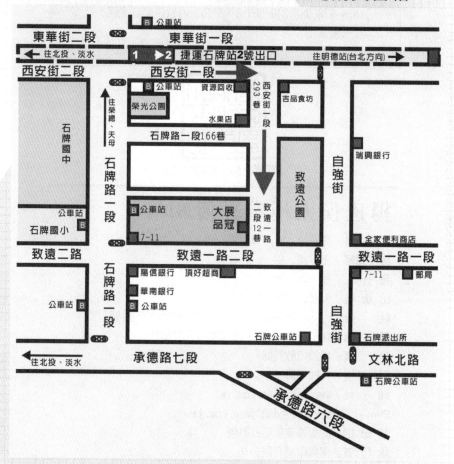

建議路線

1. 搭乘捷運、公車

　　淡水線石牌站下車，由石牌捷運站 2 號出口出站(出站後靠右邊)，沿著捷運高架往台北方向走(往明德站方向)，其街名為西安街，約走100公尺(勿超過紅綠燈)，由西安街一段293巷進來(巷口有一公車站牌，站名為自強街口)，本公司位於致遠公園對面。搭公車者請於石牌站(石牌派出所)下車，走進自強街，遇致遠路口左轉，右手邊第一條巷子即為本社位置。

2. 自行開車或騎車

　　由承德路接石牌路，看到陽信銀行右轉，此條即為致遠一路二段，在遇到自強街(紅綠燈)前的巷子(致遠公園)左轉，即可看到本公司招牌。

國家圖書館出版品預行編目資料

楊班侯太極拳真傳／賈治祥　賈安樹　路迪民　著
——初版——臺北市，大展，2015［民104.05］
　　面；21公分——（楊式太極拳；7）
　　ISBN 978-986-346-068-8（平裝；附數位影音光碟）
　1. 太極拳
528.972　　　　　　　　　　　　　　　　104003398

楊班侯太極拳真傳 附DVD

著　　者／賈　治　祥／賈　安　樹／路　迪　民
責任編輯／王　躍　平
發 行 人／蔡　森　明
出 版 者／大展出版社有限公司
社　　址／台北市北投區（石牌）致遠一路2段12巷1號
電　　話／(02) 28236031・28236033・28233123
傳　　真／(02) 28272069
郵政劃撥／01669551
網　　址／www.dah-jaan.com.tw
E-mail／service@dah-jaan.com.tw
登 記 證／局版臺業字第2171號
承 印 者／傳興印刷有限公司
裝　　訂／承安裝訂有限公司
排 版 者／千兵企業有限公司
授 權 者／山西科學技術出版社
初版1刷／2015年（民104年）5月

定　價／420元